ちくま文庫

フルサトをつくる

帰れば食うに困らない場所を持つ暮らし方

伊藤洋志×pha

筑摩書房

和歌山県新宮市熊野川地域の山の中の一軒家。本書の「フルサトをつくる」の舞台となった家。

改装前の最初はこんな状態（上2枚）。ここから自力でどこまで修繕できるか。下段写真は改装前（左）と改装後（右）の比較。

とりあえず、2階の床だけは張り終えてスカッと爽やかな状態に。床ができれば快適に過ごせる。試しにろうそくの灯りで一晩過ごしてみたらいい雰囲気だった。少しずつ使うと改装のやる気がつづく。

片づけはバケツリレーができる人数で作業すると、作業効率は飛躍的に上昇する。よって、働きアリの集団の法則が発動し、豊かさとしての余剰で「遊んでもいい人」も現れる。右上は山賊のマネをして遊ぶ pha 氏とその友人。また、現地への移動は大人数が吉である。

別々のグループが一緒に働く。作業を通してだと話しやすくて楽。大けがの恐れもある電動工具は慎重に使う。廃材を運び出す著者イトウ（下段左）と床を張る著者 pha（下段右）。

収納つきのシンクは湿気が溜まるし、部屋が狭く見えるのでシンク部分だけ取り外して廃材を生かして脚をつけて使う。あるものを生かすのがパズルみたいで面白い。張り上がったスカッとした無垢材の床は、座布団もいらないくらい。

仮完成。全員集合して屋根の上で写真。夕食が改装の楽しみであり、日によって作業者の中で料理の得意なシェフが現れたりもする。

この家を拠点に夏期限定で「寺子屋」を開校。教えられる教科は何でも教える。夏は家屋の日除けが必須。盆踊りなどは思いの外、楽しい。地域の人と一緒にできる格好のイベントでもある。

パン職人の林さん夫妻によって運営されるパン屋「むぎとし」。自分の手で作り上げた大きな窯で焼き上げるしっかりした味で食べごたえのあるパンが売り。

仲間がやっている、廃校となった九重小学校にオープンした「bookcafe kuju」。オープンに漕ぎ着けるまでに水害からの復興、床張りなどの課題をひとつひとつクリアしていった。そして書店に使う予定の棚はすべて不揃いの不用品。使いようによっては、宝の山であった。

目次

第3章　「つながり」をつくる　pha

第4章　「仕事」をつくる――「頼みごと」をつくる　伊藤洋志

第5章　「文化」をつくる　pha

第6章 「楽しい」をつくる――「～したい」をつくる　伊藤洋志

フルサトをつくる——帰れば食うに困らない場所を持つ暮らし方

文庫版まえがき

伊藤洋志

本書を書いたのは二〇一四年初頭。「地方創生」というキーワードが発表される以前のことである。この本は地方創生という一時期の流行りの中で読まれた面もあるが、執筆のきっかけは異なる。一つには拠点がいくつかあった方が思考が柔軟になるということ。もう一つには帰れば安心できる場所を自らつくったほうがいい、ということである。

その昔は日本は全国に人口が分散していたので、だいたいの人に故郷があった。都会に住んでいても各人には農山漁村、つまり生産地であったり自然が豊富な田舎に何らかの形でゆかりがあったりした。ところが現代になって親子三代で都市部出身ということが珍しくなくなってきている。そうすると帰省先がないのである。この現象は世界的で、例えばあのモンゴルでも白鵬関ぐらいの世代であれば都会育ちでも親戚の誰かは遊牧民だったりするので草原での生活体験はある。しかし、ついに現代っ子の中には遊牧生活をまるで体験しておらず、馬に乗ったこともなく、伝統的な料理が苦手な世代が出てきている。これは危機である。

都市化の進行のために人の動きが固定化し、田舎にゆかりがない人が増えている。しかし、これはむしろ、各自が設定して自分のフルサトをつくっていくことができるとも言える。

故郷なんてなきゃないで困らないという意見もあるかもしれない。しかし、方言に凝る都会っ子がいることからも、身体性を伴う原初的な生活体験は動物として必要ではないだろうか。言い換えると記号化されていない世界に触れるということである。都市はかなりの部分が記号(シンボル)操作で行われる。これだけだと、前提を覆すような発想を生み出すことが難しい。なにしろ記号とは、あらかじめ決められたルールの中で手順通り進めるためのものだからである。【赤信号】は【止まれ】でそれ以外はない。イノベーションというのは前提を覆す変革のことだから、手順通りの記号操作だけでは限界がある。身体に働きかける刺激がなければ生み出しにくい。身体的な刺激は機械的に生み出すこともできるが、自然という実体の圧倒的な量は強い。焚き火はいい。新鮮な刺身も素晴らしい。鍛冶屋の鎌で刈る草刈りも面白い。

どうにも都市と田舎の話は、二項対立に陥りがちで「東京は人の住む所じゃない」とか「田舎は滅ぼすべき前近代」という極端な批判合戦に行き着いてしまうことが多かった。こうなってしまうのは、やはり頭の中だけで考えているからで、この煮詰まりを解除するにはとにかく身体的に移動するのがいい。つまり、その土地に暮らしてみることである。

そもそも都市というのは、常設化された市場みたいなものだから本来はソフトウェアである。最高を競うレストランがあるが、食材は田舎から来ている。片方だけでは成立しない。スペインの美食の町として有名になったサンセバスチャンも、昔からフランスも含めた貴族の避暑地だった。もし、日本の地方の町がサンセバスチャンになりたいという意気込みがあるなら、まずは近所に貴族のいる場所を見つける必要がある。それは上海なのか、もしくは東京なのか。それを探るには上海や東京に住んでみる必要があるかもしれない。

つまり、二拠点居住は都市から田舎へも必要だが、田舎から都市へも必要である。かつての農閑期の出稼ぎや行商には稼ぎ以上の、別の世界を知るという意味があった。これが他者を受け入れる寛容性を育てるきっかけになるのではないかと思う。

自分たちがやっている本書でのケースは、毎週末通うという距離感ではないため年に数回行くぐらいのことであるが、なんやかんや年間一〜五週間程度滞在している。最大で年間一〇%ぐらいだが、行ってただ焚き火したり、海を眺めたり、家を改修したりして過ごしたり、ゆっくりと現地で小さい事業を立ち上げてもいる。

執筆当時は、何が何でも完全移住して一人前、成功、というような発想が強かった。もしかしたらいまだに強いのかもしれない。しかし、人手が貴重になって行くこれからの時代では、各人がそれぞれの割合でその土地の暮らしに貢献できるようになればより大きな力を発揮できるだろうし、風通しもよくなると思う。

ささやかに出版された本書だったが、関心のある方々に購入され「漠然とした憧れが一つ一つ具体的になる」というような感想をいただいた。実際、これを読んで移住した、いま移住先を探しているとか、仲間を募って二拠点居住で行き来するようになった、という実践の報告がもらえた。特に、実践の書を目指してこれでもかと考え方とセットの具体的な要点を書き込んだお陰か、読み返しても、その時の状況によって発見があり、感じ方が変わるとの感想もあった。私が目指す本は、パッと読んで痛快、しかし噛めば噛むほど味が出る、なので率直に嬉しい。手元に置いて時々新鮮な空気を吹き込める文庫本になれば幸いである。

はじめに
——21世紀のスーパーディフェンシブ生活体系のすすめ

伊藤洋志

本書はおおざっぱに言うと21世紀の多拠点居住についての考察である。専業ばっかりでもあかんやろ、という前著『ナリワイをつくる』（東京書籍、ちくま文庫）に引き続き、都会か田舎かという二者択一を超える住まい方を考えたい、という動機で書かれている。

さらに本書で中心的に記録されるのは、そのなかでも都市に住んでいた人が新たにつくるもう一つの拠点、「フルサト」についてである。ここでのフルサトというのは生存条件のハードルが限りなく低いもう一つの拠点である。

人間が何かにチャレンジができる条件とは、いざとなったら死なない自信であると私は考えている。「背水の陣なんてのは、普段は無理な特殊例だから故事成語になっている」と前作で書いた。21世紀初頭の現在において、楽しくたくましく生きるための重要な作戦の一つは、フルサトをつくることである。フルサトの条件としては、いざとなったらそこに帰れば、心身ともに健やかに生活が送れ、競合他社とか機会損失とかそういう経済用語がさほど通用しない環境があるところである。風の音とか温泉のじわーっと来るかんじとか野菜の旨さとかを体感しながら動物的なペースや感覚で暮らせる場所でもある。

歴史を振り返ると、多拠点居住は様々な形で行われていた。たとえば、山伏の修験道における講などもその一つだ。講とは山伏が各地に出かけてできた信者の集まりのことである。参拝を受け入れる山には宿坊などの滞在場所ができ、宿坊ごとにつながりがある講が各地に存在する。山で身体感覚をチューニングしたくなったら受け入れてくれる場所があるということだ。これは本書で扱うフルサトの一つと言ってもよい。ほかにも鳴子温泉に代表される湯治場には農閑期に各地から人々が訪れ休養を図っていた。海外では北欧の人々はサマーハウスという夏だけの簡素な家を持っているし、ロシアではダーチャという畑付き別荘があり休暇を過ごすという習慣がある。江戸時代の参勤交代も都市と地方の二拠点居住とも言える。参勤交代で宿場町がにぎわい、経済を循環させたり、道中で殿様が技術を発掘して持ち帰り、地場産業を生み出したりしていた。私の地元の香川県丸亀市はうちわ産業が有名だが、これも参勤交代のなかで持ち込まれたものである。

このように、拠点を複数持つということは、日常とはまた違う生活を送るためであり、必要なことだったが、参勤交代は別として国家的には管理しにくくて不便だし、雇用されるという定住型の仕事が一般的になっていったため、日本では多拠点居住は稀になってきていた。しかし、現代では同じ場所にずっといなくても働けるようになってきたし、企業でも田舎にサテライトオフィスを構えるところも増えてきた。そろそろ完全定住にこだわらなくてもよい時代になってきた。歴史的にも有効に行われていた多拠点居住を現代の状況に合わせて再構築する、というのが本書のテーマである。

フルサトといっても必ずしも実家のこととは限らない。実家がフルサトであることは多いが、地縁血縁が濃い地元はいい面もあるが、同時にしがらみもあってやりにくいことも多い。それに一ヵ所に限らず拠点は複数あったほうがセーフティーネットとしてもいい。本書では、現代社会におけるそれぞれのフルサトを、自分に合わせてつくっていくことについて考えていきたい。これは、ちょっと気を張らないとやっていけない資本主義経済世界に大なり小なり関わって生きている現代人が、完全自給自足のコミューンまで目指さなくても、まあぼちぼちですな、というぐらいで生きていくための基盤になると考えている。

若い頃、特に20～30代はじめは、その年齢だけで自信を持ちやすい。なんたって体力と回復力があるし、文字通り生命力があふれているからだ。0歳児は毎日チャレンジして、大人の動きをコピーして言葉を覚えてやがて歩けるようになる。それが可能なのは、限界ギリギリまでの大音量で泣ける生命力に加えて、生命の危険がない安心な環境が用意されているからであろう。著者は現在34歳だが、80歳になったころのことを考えて、ゆるやかなペースで生きていけるフルサトをつくろうと思い立ったわけである。先手を打って前向きな隠居時代の準備をしておくことは、何かにチャレンジする基盤になると思ったからだ。老後の心配ばかりしている人からはチャレンジ精神は生まれにくい。せっかくなので生きているうちにさまざまな未知の世界を開拓してみたいが、それにはまず、死なない基盤が必要だ。

今は将来の不安のために保険や貯蓄に励むという流れが主流だ。だが、将来のために居住場所の可変性（フレキシブルさ）を捨てて住宅ローン35年を嫌々支払うという人生は、現実的な対応としてはあまりにハイリスクなのではないかと思う。35年後何をしているのか予言できる人はそういない。この前富士山が噴火したのが１７０７年。油断禁物だ。

この変化が大きい現代社会は、常識的に安定と思われることのほうがリスクが高いことが往々にしてある。安定しているとは、世の中が動いている時期に止まっていることであるから当然である。日々チャレンジしていったほうが、変化に適応できるから長期的に見たら安定していると言える。なにより毎日面白く過ごせるから、精神面での健康も維持しやすい。昨今は、メディアは孤独死とかの特集は組むわ、日常のニュース番組からは老後の生活に悩む人のインタビューが流れてくる。けっこう怖くなってしまう人も多いかと思う。何かしなきゃとは分かっているんだけど、体が動かない、というのは見えない情報圧力も原因の一つだろう。だが、何か変化を生み出すには小さな常識を超えることが不可欠だ。不安で思考が充満すると視野狭窄《しやきょうさく》になって変化を生み出せなくなる。不安を打ち消す余裕を持つにもフルサトは重要な役割を持つ。

そのフルサトに大事なものの多くは感覚的なものだ。たとえば、暖かさだ。人間は、寒いと後ろ向きな気分になりやすい。特に急に冷え込んだ秋は要注意だ。だからフルサトには体が温まるものがあったほうがいい、温泉とか薪ストーブとかサウナとか、いい布団とかだ。なんとか主義や流行りのまちづくり手法ではなく、具体的な物事の集積と確かな洞察こそが、居心地がよいフルサトをつくる。

本書では、場所の探し方、家の借り方、家のつくり方、移動方法やその土地での人付き合いの考え方など、具体的な工夫を通してフルサトをつくることについて考えていきたい。また、チャレンジできる余白があることもフルサトのいいところだ。私自身は将来的には個人の力で温泉を掘るのにもチャレンジしたい。とにかく温泉はいい。しんどいことがあってもなくても、毎晩温泉に浸かれるというだけで人生8割がた言うことなしだ。こういう自分なりの原点をもっておくと、迷ったときに考える手助けになる。温泉を神と崇める温泉教とかを立ち上げてもいいが、そんな面倒そうなことを考える前に湯に浸かろう。人生に不要なことが忘れられるので、無駄な仕事をしなくてすむ。

というわけで、「ナリワイをつくる」に続いて「フルサトをつくる」ことにした。その第一歩として、田舎にシェアハウスをつくることにしたのである。このシェアハウスをつくる過程で得られた発見が本書の中心的な題材になっている。前作『ナリワイをつくる』に続き、本書は自分を実験台にした研究報告とも言える。少し違うのは、もう一人の著者pha氏との共同執筆であり共同研究であるという点だ。シェアハウスもイトウとpha氏の共同運営である。なぜ田舎でシェアハウスなのか、というのは、一つには一人で家を借りてもずっといるわけでもないし、使い切れないからだ。さらにはわざわざつくるフルサトは日常とは違う空気感が生み出される場所にもしたい。新しい要素が入らないと飽きてしまう。日常の人間関係などをそのまま移植するのだと、それは別荘である。もちろんフルサトをつくるのは一人でやってもできるのだが、一人でもやれる人が集まると、それぞれ個々人の予想を超えた何か面白いことが起きる気がする。pha氏とイトウは、「ニート&ギーク」と「ナリワイ」で違う世界に生きているわけだが、何か新しい展開をつくるには、異質なものを組み合わせるのがよい。異質ではあるのだが、あまりバトルを好まないという点では共通している。それで一緒にやるのは面白いのではと思ったのである。

コミュニティという言葉は曖昧なので私は以後あまり使わないが、要するに「多様性があってかつ各々がやりたいことを調和しつつやり、必要に応じて協力できる人の集まり」のことだと考えている。一丸となって何か単一の目的に邁進するのはコミュニティではない。

フルサトをつくる、ということは田舎への完全移住ではない。また、すぐには完成しないのだが、少しずつ育てていくためにもやっぱりそこに行くだけで楽しく生きていける場所がよい。また、金銭によらず自力で食べ物が調達できる余地があるところがフルサトの特質なので、田畑が確保しやすい場所である。もっというと、人がまだたくさんいる郊外的な田舎よりも、過疎地がおすすめだ。なぜならそこは人が少ないので、存在するだけで価値を生み出せる余地が多い。やるべき仕事がたくさんあって活躍の場が広い。

さらに過疎地は田舎ほど慣習の力が強くない。なにしろ人が離れて住んでいるので、混み合っていないからだ。ビジネスでも、そんなに規模がない業界に人が大量に押し寄せると過当競争になってえらいことになる。ある面ではそれと同じである。また田舎と言えど、局所的に人が集まって集落を形成しているところだと、その土地の慣習が強いので従わなければならない場面が多いかもしれない。ましてや単独で移住したら最大与党以下の議席1の少数派になるので、活動のしやすさは与党との相性によるところが大きくなる。せめて議席3ぐらいあるとだいぶ違うのだろうが。

いわゆる限界集落などがあるような過疎地は家のコストも低い。畑付きとかなら家賃数千円、高くても2万円以下ぐらいだろう。人生のだいたいのことは家賃が1万円以下であればなんとかなる。それで田舎でシェアハウスだ。さらに言えば、田舎、過疎地こそシェアハウスがうってつけの場所なのである。なぜなら、田舎はバラバラに住むとご近所さんがいないうえに、話が合う人を見つけ出すのが困難だからだ。あなたは中学校、高校で真に興味のある話題を共有できた友達が何人いただろうか。おそらく一、二人いたら上出来ではないだろうか。田舎に住むのにおいても同様に難しいものである。

楽しく暮らすには、共通の関心ごとについて話せる仲間がいるというのは大事だ。それが自然にできるのはインターネットと都市である。インターネットだけだと体が動かせないので、心身のバランスを維持するのが難しい。所詮人間であり動物なので、ほどほどに体を動かしたり伸ばしたりしないと血行も悪くなるし体調が悪くなりやすい。そこで医療のお世話になるとまた支出が増えて働く時間が増える。田舎に行って家の改装などに取り組めば、おのずと体を動かさないといけないから健康にもいいだろう。だが、話が合う人がいないのが田舎の問題である。そこで、局所的に都市のような空間をつくる。それには話ができる人が集まるシェアハウスをつくるのが有効だ。田舎は一人暮らしが向かない場所でもあるし。

もともとシェアハウスは家賃の高い都市ではじまったが、多少家賃が安くなるといっても都市では限界がある。10年ぐらい何もしないで家賃を賄えるほどの安さにはならない。それでは安心につながらない。残念ながら都市のシェアハウスだけでは、フルサトと呼べる安心感を得ることはまだ難しい面が多い。ボロかったり、路地奥にあったりで、エアポケットのような場所で安い家賃の物件を見つけて都市の中心に田舎をつくる、というのも実現可能だが、区画整理で建物が強制的に取り壊されたりすることも多く、長期に続けていくのが難しいといった課題がある。

ということで、フルサトをつくるために過疎地にシェアハウスをつくるところからはじめようと思っている。

フルサトといっても一体どこに？　ということが疑問になるだろう。雑誌が移住特集を組むことも増えてきたが、そういったところではデータベース的にいろんな田舎が掲載されている。そういうのをあまり熱心に参照しすぎると決断が鈍ることが多い。並列に並んだ情報を比較していくうちに決められなくなる。こういうのは、勘と人との出会いで決めてしまうのがいい。よく病院があるか、とかいろんなスペックを「比較検討して決めましょう！」と推奨しているメディアも多いが、それで違う世界へのジャンプができるわけではない。理屈を超えた衝動が起きないと変化は起こせない。それにフルサトを一つに決めきる必要はない。三つ持っている人もいれば、全国に10個持っている人がいてもいい。

居心地がいい場所というのは、定住している人、定期的に長期滞在しにくる人、短期でちょくちょく遊びにくる人、それぞれを許容する土地だと思う。そういう場所が今後はにぎわっていくだろう。逆に「骨を埋めるか否か」の即断を求める土地は「秘伝の忍術」を教えてくれるとか、住むことによほど強力なインパクトがなければ緩やかに過疎になっていくと思われる。もっともこれは会社でも同じである。「辞めたら承知しねえぞ」と社員を囲い込む企業からは人が（少なくとも心が）逃げていくだろう。まあ部活とかでも同じである。人を囲い込もうとすればするほど窮屈になって逆に廃部の危機にさらされる。

だから、よく移住に際してある「骨を埋める覚悟があるか」という問いは、必要ではない。大事なのはそれぞれが自由意志のもとで暮らして、お互いに協力できることがあれば適宜していければよい、という感覚である。だからといってコミューンみたいに移住者だけで地域づくり組織とかつくっても意味がない。それは都市の企業を移植しただけである。単一の価値観でまとまった組織には寿命がある。そしてその寿命がどんどん短くなっているのが現在なのである。人間の寿命のほうが長いのでそういう組織はあまり当てにできない。

じゃあ孤独に隠遁して生きていくのか、というとそうでもない。フルサトにおいて必須条件は何か生業《なりわい》を持つことである。つまりその土地の現在のメンバーができない技術を持つことだ。生業を持つと、それを通して人と接点を持つことができる。これは高い話術能力を必要としないで人と関係性をつくるのに有効である。「コミュ力」

みたいなかんじで、話し上手じゃないと人と関係性がつくれない、という世の中は窮屈だ。もっと別のルートがあってしかるべきだが、その一つが生業を持つということである。これについても本書で具体的に述べる。

田舎に仕事なんてない、という意見もよく聞かれるが、実は雇用は少ないかもしれないが、自分で見つけ出し工夫してつくれば、むしろ仕事の素材には困らない。前著の『ナリワイをつくる』で、「ナリワイとは、小さい元手で生活の中から生み出され自給につながるやればやるほど心身ともに鍛えられる仕事である」、と定義したが、田舎こそナリワイの宝庫である。そういう視点の変え方についても考えていきたい。

家に関しても日本に空き家が多いことは知られつつあることだが、その具体的数や状況、さらにどういう家がシェアハウスに向いているのか、家の直し方、についても具体的に実践報告できたらいいと思っている。

ただ、細かいマニュアルにしてもつまらないので、本書では考え方や勘所をお知らせしたい。

フルサトをつくる、というのはいざとなったら住める場所でもあるので、それが一時のものか、あるいは長期になるかは人による。いずれにしても、生活するわけなので、生活の糧や娯楽、住まいが必要だ。したがって、この本では、仕事、ナリワイについて、娯楽について、そして住む場所のつくり方について、それを複数持つための運営方法なども考えていきたい。結果的に移住した、ぐらいがちょうどいい。いきなり移住もよいが、本書のような中間的段階があってもよいと思う。今は0か1かという思考が多すぎる。これは極端だし思考放棄だ。

ちなみに、ご夫婦やパートナーなど二人で生活を運営している方に気をつけていただきたいのは二人で移住なり、多拠点居住をやりたいと考えているなら、一人だけで全国回って場所を探すとかは避けたほうがよい。二人の間での情報格差が大きくなると、離婚など軋轢《あつれき》が生まれやすいので、できるだけ同じようなペースで知識なり経験を積むことをお勧めしたい。

はじめに
——帰るべき場所は自分でつくろう

pha

僕は大阪府大阪市の町なか（徒歩圏内に電車の駅が二つあるようなところだ）で生まれ育って、大きくなって家を出てからも京都や東京の中心部といったいわゆる「都会」にしか住んだことがなく、「田舎」というのは自分にとって遠くて関わりのないものだった。田舎に対しては「虫が多いのは嫌だな……」とか「コンビニが徒歩5分以内にないと生きていけない……」とかそんなイメージしか持っていなかった。それが「田舎も少し面白いかもしれない」と思い始めたのは30歳を少し過ぎた頃だったと思う。

僕が「働くのはだるいし勤めるのとか向いてないからしばらく何もせずにふらふらしよう……」と思ってあまり先のことを考えずに会社を辞めたのが28歳のときだったた

んだけど、「面白いものとか新しいものは全部東京に集まってるし、やっぱり一度東京に住みたい」と前から思っていたので、無職になったのを機に関西から東京へと引っ越してみた。確かに東京には物も人も情報も文化も溢れていて最初はすごくエキサイティングだった。でも4、5年も住んでいると、なんかちょっと疲れて飽きてきた感じがしたのだ。

東京はいつもにぎやかで、情報の流れるスピードがとても速い。それは面白いところでもあるんだけど、何もせずにぼんやりしていると置いて行かれてしまうような感じもしてしまって、東京にいるとなんかつい気が焦って休みたいときでも心からのんびりできないところがあった。あと東京は何をするにもお金がかかる。毎日家で寝ているだけでも家賃の負担が大きくてお金がガンガン減っていく。ゲームで言うと歩くだけで体力が減っていく毒の沼地にいるような感じだ。東京は僕のような無職で怠惰な貧乏人にやさしくない。

ちょうどそんなことを考え始めていたときにこの本の共著者の伊藤くんと偶然出会って、伊藤くんが学生の頃から通い続けている和歌山県の熊野という地域の話を聞いたのだった。そして実際に熊野に行って現地に住んでいる若い人たち（20〜30代）の暮らしぶりを見てみたら、「なんか面白そうやん」って思った。

田舎は家が余っているので使ってない家をうまく借りられれば家賃は非常に安く抑えられる。僕はあんまり働きたくなくて大体毎日家で寝ながらインターネットを見たりゲームをしたりしてるんだけど、どうせ家にいるんだったら別に都会にいても田舎にいてもあまり変わらないんじゃないかと思った。それなら田舎のほうが家賃が安く済んでいい。

あと、僕はいつもゲームの中で山を歩いて頂上から夕日を眺めたり（ゲームの中の夕日ってバーチャルだけどなんかすごく美しく見えるのはなんでだろう）、動物を狩って肉にして食べたり、木を切って材木にして家を建てたりしてたんだけど、熊野ではみんなそれをリアルの現実世界でやっていたのだ。ひょっとして都会より田舎のほうができることが多くて面白いんじゃないか。田舎には都会よりもインターネットよりもゲームよりも未開拓でワクワクする感じがあった。都会とかネットの世界だと分からないことは何でも検索すれば出てくるけど、田舎は情報化されていないので地元の人に話を聞いたり、自分で行ってみたりしないと分からないことが多い。また、都会だと大体何でもお金を払って手に入れることが日常だけど、田舎の生活だとお金を使わずに自分で工夫して作ったり近所の人からもらったりすることが結構多い。そういうのがまるでロールプレイングゲームの世界のようですごく楽しかった。村の人に話を聞くとマップに新しいポイントが増えたりクエストが発生したりしていくみたいな。

また、お金はないけどあまり働きたくないし家族も持っていなくて将来の人生がどうなるか不安定な僕としては、いざというとき（都会で家賃が払えなくてホームレスになりそうになったときとか）に逃げ込めるセーフティーネットになる場所を作っておきたいというのもあった。僕が初めて書いた本である『ニートの歩き方』（技術評論社）は、「働くのが苦手な人とか会社や学校に適応するのが苦手な人でもできるだけ死なないようにしたい」、「人間は仕事のために生きてるんじゃない、仕事のために人生を犠牲にするのはおかしい」というコンセプトの本だったんだけど、本書『フルサトをつくる』もその延長線上にある。

『ニートの歩き方』では都会でお金のない若者が助け合いながら生きていく手立てのひとつとして友人同士のシェアハウスを紹介した（僕は今も東京で友達と5人で一軒家を借りてシェアして住んでいる。一人あたりの家賃は月に2～3万円くらい）。都会でのシェアハウスが「実際の家族よりゆるい家族」だとしたら、フルサトは「実際の故郷よりゆるい故郷」だ。困ったときに実際の家族や実際の故郷を頼れればいいけどそれができない場合もあるだろうし、いざというときに頼れる場所はできるだけ多いほうがいい。

そして、それは自分でつくることもできる。

帰る場所がなければ自分でつくってしまえばいいのだ。

今の時代、何が起こるか分からない。平穏な人生を脅かすトラブルは突然予告もなくやってくるものだ。自分や家族が病気で倒れる、職を失って収入が途絶える、大災害が起こって住む家がなくなる、といったことは低確率だが誰の人生にも起こりうる。だから、「大きな失敗をしたり大きなトラブルに遭ったりしてもそこに行けばなんとか生きられる」という場所を持っていることは、生きるにおいてかなりの心の余裕をもたらすので大事なことだ。頼れる家族や故郷がない人は自分でそういう場所を新しくつくればいいし、既に家族や故郷を持っている人も、補助的なものとして家族っぽいものや故郷っぽいものをもう一つつくれば人生がより豊かで安心なものになるんじゃないだろうか。僕みたいに都会生まれの都会育ちでいわゆる「ふるさと」を持たない人も現代では多いはずだけど、それなら自分でつくってしまえばいいのだ。今の日本の地方は人口減少だとか過疎化だとかで土地も家もたくさん使われないまま余っている。都会では貧乏な若者が狭い部屋に詰め込まれて窮屈に暮らしているのに田舎では空き家がたくさん余ってどんどん腐っていっているというのはどう見てもなにかバランスが悪いので、田舎の家や土地や自然を活用するのは良いことのはずだと思う。

もちろん、シェアハウスより実際の家族のほうが、フルサトよりも実際の故郷のほうが、結びつきが強くて助けてくれる度合いは高いだろう。シェアハウスの同居人は風邪を引いたときにおかゆぐらいは作ってくれるかもしれないが、お金に困ったときに大金を借りたりはしにくい。だけど、実家や地元は結びつきが強い分だけ息苦しさもあるし、友人同士のゆるい繋がりのほうが気楽なときもある。また、シェアハウスやフルサトは、自分で自分の好きな人を集めて新しくつくったり、複数つくって複数に属したりすることもできるから、実際の家族や故郷よりも自由度が高い。現代は、今までリアル家族やリアル故郷がまとめて引き受けてきた役割がいろんな複数のコミュニティに分散されていくような、そんな流動的な時代なんだと思う。

そんなこんなで、伊藤くんから熊野の家を自分たちで直して使わないかという話を聞いたとき、二つ返事でその計画に乗ったのだった。僕は体力も根気もないし人付き合いも苦手だから自分一人で田舎に家を借りるなんて絶対無理だけど、伊藤くんは働き者でしっかりしてるから、彼に乗っかっておけば何とかなるだろうという計算もあった。

この本は僕と伊藤くんと僕らの友人たちが田舎の一軒家を新しいフルサトとして一からつくっていった記録だ。日本中どこの田舎でも過疎だし家は余っているし、やろうと思えばどの地域でも同じことはできるだろう。

この本が、僕らと同じようなものを求めている人たちの何かの参考になればいいなと思う。

第1章

フルサトの見つけかた

pha

この章では「新しいフルサトをつくるにはどういう場所がいいのか?」というところを考えていきたい。

人の縁をたどっていこう

僕が何の縁もゆかりもない熊野に家を借りることにしたのは、たまたまこの本の共著者の伊藤くんと会ったことから繋がっていった「人の縁」によるものだった。

僕と伊藤くんは同じ大学で学年が一つ違いだったんだけど在学中は面識がなくて、初めて会ったのはお互いに30代になった2012年のことだった。会って話してみたら同じ大学で共通の知人が何人かいたので学生時代に会っていてもおかしくないような距離感だったけれど。会ったきっかけは「一緒にトークイベントをしませんか」という話が来たからだったんだけど、ちょうど僕はその頃東京での生活に少し倦《う》んできていたので、伊藤くんの話す熊野の話にすごく興味を惹かれたのだ。

なんでも伊藤くんは学生時代からずっと10年近く熊野に通っているらしい。人より鹿や猪のほうが多い何もない山奥の田舎だけど、20代や30代の若者が何人も他の土地から移住してきていて、移住してきた人が、廃校になった小学校を改修してカフェをやったり本屋を作ったり、山で獲った猪や鹿を食べたりしながら暮らしているらしい。そんな話を聞いて僕は興味を持った。

そして話を聞いた2カ月後くらいに実際に熊野を訪れる機会があった。行ってみて現地に住んでる人たちに会って話してみて、かなりいいんじゃないかと思った。人も家も少なくて静かで、景色も開けていて外に出ると気持ちいい。すぐに何でもお金を払って手に入れる都会と違って生活のいろんなものをDIYで作っていく感じが楽しかった。田舎であることの不便さもまあ許容範囲内だと思った。ネットは繋がるしアマゾンも届くし、車で30分も走ればコンビニもあるしイオンもある。

でもまあそのときは「移住しよう」と思うほどではなくて「都会に住みつつちょくちょく来たいな」というくらいの感じだったんだけど、そうしたらまたその2カ月後くらいに伊藤くんに「熊野に共同で家を借りませんか」って誘われて、その話に乗って家を借りることになったのだ。最初に熊野の話を聞いてから実際に訪問するまで2カ月、実際に訪問してから家を借りることが決まるまで2カ月、と、わりとトントン拍子で決まった感じだ。田舎はそんな風にいったん人と知り合って仲良くなるとすぐ物事が進む感じがある気がする。

田舎暮らしに興味があっても、全く知り合いがいない田舎に自分一人だけで移住したり家を借りたりするのはかなり勇気がいる。地元の人と仲良くやっていけるか不安だし友達がいない土地だと孤独で寂しい。今回の熊野の話の場合は、熊野にずっと通ってる伊藤くんが一緒だから心強かったし、既に熊野に移住している同年代の人たちと仲良くなれたというのが大きかった。そういうのがなくて一人だったら絶対にやってなかった。もしたまたま伊藤くんに会って熊野の話を聞いてなかったら、今でも東京の狭い部屋で「うー、東京も飽きたけど他に行くあてもないしどうしようかな……」とか一人で唸っていただろう。フルサトをどこの土地につくるかはそんな風に人の縁を頼って探すのが良いと思う。現地に自分と仲良くなれそうな人がいるかどうかというのが一番大事だ。

友達や親戚をあたっても地方にちょうどいい知り合いがいない場合は、いろんな場所に顔を出してそういう方面の知り合いを作っていくといいだろう。地方とか田舎関係のイベントとか。「田舎暮らし支援」とか「地域おこし」とかそういう活動をしているNPOなどは各地にたくさんあるから、そうした団体が主催している田舎暮らし体験とか農業体験などのイベントや地域ボランティアの募集などに参加してみるのもいいと思う。NPOだけでなく地方自治体が主催している場合もある。興味のある地域の名前と「田舎暮らし」「農業体験」「Iターン」「移住」などの単語でネットで検索してみると良い。

イベントとかに参加すればその土地の知り合いができるし、その土地の人がどんな雰囲気で生活しているのかを見ることができる。最初はちょっとした旅行気分で、日帰りとか1泊2日くらいの日程でいろんな場所を体験してみたらいいと思う。たくさんの土地を訪れて知り合いを増やしていけば、そのうち自分が行きやすそうな場所が見えてくるはずだ。生まれ持ったリアル故郷は自分で選ぶことができないけど、新しくつくるフルサトは自分で好きな場所を選べるというのが最大の利点だ。

だからまずはいろんな場所を訪ねてみよう。そしてできるだけ地元の人と同じように寝泊まりして地元の人と同じように食事をするのがいい。実際にその場所に行って体験してみないと分からないことはたくさんある。土地によって人の雰囲気も違うし生活スタイルも全く違う。オープンな雰囲気の土地とか閉鎖的なところとか新しいもの好きとか伝統を重視するところとかいろいろある。もともと自分が生まれた土地が自分に最適な場所とは限らないし、どこか縁もゆかりもない土地に自分にぴったり合った雰囲気の土地があるかもしれない。とりあえずいろんな場所に行ってみて自分に合いそうな場所を見つけよう。田舎暮らしに憧れるからといって間違ってもよく知らない土地にいきなり家を買ったりしてはいけない。少しずつ様子を見ながら関係を深めていくのが大事だ。

あと、本や雑誌で紹介されてたから行くというんじゃなく、直接の知り合いをたどって入っていったほうがその土地には馴染みやすい。本やテレビなどで「この田舎がアツい!」みたいに紹介されていて有名過ぎるところは今から行っても逆に入りにくいところがあるかもしれない。なぜなら、そこには自分と同じようにその本やテレビを見た人がたくさんやってきているし、来る人が多いと一人ひとりとの繋がりは薄くなりやすいからだ。だからといって移住者が全くいないところはそれはそれで入りにくいのだが。人が少ない田舎では都会よりも直接の人の繋がりをたどっていくことが重要になってくる。うまく何とかして自分なりの人間関係を作っていこう。

「フルサトをつくる」では自分の出身とは別の場所に新しい故郷をつくるわけだけれど、実際の故郷ではないことのメリットは結構あると思う。実際の故郷だと知り合いも多いし土地勘もあるしいろいろ便利なんだけど、逆に知り合いが多いと動きにくいというところもある。しがらみのないよそ者のほうが自由な発想で自由に動けるというのはよくあることだ。イエス・キリストも自分の生まれた土地では奇跡を起こせなかったという。自分の子供の頃のことや自分の家族を知っている人たちがたくさんいる場所では思い切ったことがなかなかできないものだ。地元の人ほどその土地の魅力に気づいていなくて、その土地に来たばかりのよそ者のほうがその土地の隠れた良さを見つけたりすることも多い。まあかといってよそ者ばかりでもうまくいかないものなので、よそから来た人間と地元の人間がうまく協力関係を結んでいろいろやっていくのが一番よいだろう。

人・環境・交通

フルサトをつくる場所を選ぶ際に重要なポイントは、

- 人
- 環境
- 交通

の三つだと思う。

「人」については先に説明した通りで、人の縁をうまく作ったりうまく頼ったりしていくことが一番大事だ。田舎に単に物理的に家が一軒だけあってもそこはフルサトとは呼びにくい。ときどき帰りたいと思えるような場所を作るためにはやっぱりそこにいると安心できるような人間関係のネットワークがそこにないといけない。

やっぱり、自分と近い世代の移住者が既にある程度いて、移住者同士が良い雰囲気で交流している土地が一番入りやすいんじゃないかと思う。地元の人がみんないい人ばかりだったとしても、なんだかんだ言っても同年代同士やよそから来た人同士のほうが仲良くなりやすいところはある。そのへんのコミュニティ作りについては第3章の「「つながり」をつくる」を参照してください。

「環境」については、田舎と都会の多拠点居住をするのなら、やはり田舎でしかできないこと（家の前で焚き火をするとか近所の川で釣りをするとか畑をするとか）ができるような、人が少なくて自然が多い場所が良い。人の少ない過疎化した場所だと家を借りても家賃は安く済む。まあこれについては、日本中どこに行っても人の少ない田舎はたくさんあるからそんなに難しくない条件だと思う。

あとは温泉が好きなら温泉地の近くだとか、海が好きなら海の近くだとか、スキーやスノボが好きなら雪山の近くだとか、「定期的に通いたくなるようなコンテンツ」があると自分が通うモチベーションも上がるし友達を呼んだりもしやすい。熊野の場合は温泉がたくさんあって質も高いのが良いところだ。僕らの家から車で30分くらいで行ける範囲に世界遺産にも指定されている温泉とか西日本最大の露天風呂とかそれぞれ特色のある温泉が7つくらいあって毎日日替わりでいろんな温泉を楽しむことができる。「温泉合宿」という言葉を出すと大体みんな「いいねえ」という顔になるので友達を呼んだりもしやすい。

「交通」は都会からの行きやすさだ。都会と田舎の拠点をうまく繫いで人を交流させるにはやっぱり都会との往復のしやすさが大事になってくる。立地によって人の流れは変わる。都会から遠いと人が来にくくなるし、どの大都市から近いかによってどの地域の人が集まるかは変わってくる。最近はＬＣＣ（ローコストキャリア）を使えば飛行機に安く乗れるので、ＬＣＣの路線が就航している空港の近くという選び方なんてのもありかもしれない。

ちなみに僕らが家を作った熊野は交通という点ではあまり良くない。車で高速道路を使って行った場合、東京から11時間、名古屋から4時間、大阪から4時間かかるといった具合で、どの都市圏からも近くない。飛行機や鉄道を使っても結構時間がかかる。だから僕は毎回東京から行くたびに結構苦労しながら往復している。なんでそんな行きにくいところに家を借りたのかというと、「人」という面ですごく恵まれていたからなんだけど……。

ただ、都会から遠いことに良い点はなくもない。都会からのアクセスが不便になるほど俗っぽさがなくなって、秘境感が増して雰囲気が良くなるのはある。あと、軽い気持ちで来る人が減って面白い人や思い入れの強い人が集まるというフィルター効果もある気がする。

あと熊野は関西から近いので、熊野で合宿などを企画したときはやはり関西から来る人が多い。どの都市圏との繋がりを密接にしたいか、というのも場所を考える上で重要だ。

面倒臭くなって行かなくならないためには

都会の家と別に田舎に家を持ったときのよくある失敗パターンは「だんだん行くのが面倒臭くなって行かなくなる」だ。そんな感じで放置されている別荘は多い。放っておくと家はだんだん傷んでいく。知人が伊豆に別荘を持っていたんだけど、年に一回くらいしか行かなくて、放っておくと湿気が溜まって床板が腐ってくるので一年中ずっと無人の家で空気清浄機をつけっぱなしにしていた。仕方ないんだろうけど電気代がもったいない話だ……。

僕も昔に、熱海で古いリゾートマンションが100万円で売っているのを見つけて、10万値切って90万にしてもらって、友達と3人で30万ずつ出して共同で買ってみたことがある。最初の一年くらいは面白がって月に一度くらい行っていたんだけど、2年目くらいからは飽きてきて一年に1～2回くらいしか行かなくなってしまった。行ったら確かにタダで泊まれるんだけど、だんだんと「熱海は飽きたし旅行するなら別の場所に行きたい……」って思ってあまり足が向かなくなってしまうのだ。厄介なのはマンションは毎月管理費がかかるというところで、ほとんど行かないのに毎月2万円ちょっとの維持費（管理費・温泉使用料・光熱費・固定資産税など）がかかってしまっていた。さらには建物の老朽化に伴う改修（雨漏りを直すためにマンション全体で2千万かかるので入居者全員で分担して出そうという話が出た）だとか管理組合の揉め事（管理組合が二つに分裂して争っていた）だとかいろいろややこしい問題が起こって手放したくなってしまい、買ってから3年後に最初に買った不動産屋に8万円というタダ同然の値段で引き取ってもらった。まあ30万（＋維持費）で3年いろいろ遊べたから面白い経験だったと思うけど。

田舎に拠点を作ったとしてもそのうち飽きて使わなくなってしまうという問題はどうしたらいいのだろう。リアル故郷だと盆正月とか法事といった定期イベントがあって人を定期的に招集する役割をしているけれど、新しくつくるフルサトの場合は何をすればそこに人が集まり続けるだろうか。

定期的に人がその場所に集まるようにする方法は、

- 田舎で継続的にやることを持つ
- 定住している人との交流を持つ

の二つだと思う。その両方ができそうな場所を選ぶのがいい。

何か田舎で継続的にやりたいこと、そこでしかできないこと、を持っていると長続きしやすい。たとえば農業とか。「平日は都会で仕事をして週末は田舎で畑をやる」という二拠点生活をやっている人は実際いるし悪くないと思う。畑だと定期的に手を入れないといけないから週末ごとに行けるような距離でないとキツいかもしれないけど、現地に住んでる人とうまく協力関係を結べればなんとかなるかもしれない。他にも、ときどき通ってその土地の伝統工芸を学ぶとか、ＤＩＹで家具を作ったり小屋を建てたりするとか、地元の人の店や農業を手伝うとか、地域の特産品をネットで販売するとか、自由業の人ならときどき田舎に籠《こも》って仕事をするためのセカンド仕事場にするとか、何か人に教えられるスキルを持っていたらときどき田舎でワークショップを開くとか、何でもいいからそこで継続的にやりたいことができるような場所を探すのがいいだろう。単なる趣味でもいいし、もし何かちょっとした収入に繋げられることができたなら、よりその土地への定着度は上がる。

都会の仲間と一緒に、バーベキューだとか釣りだとか花火大会を見るだとかで定期的に合宿を企画するのもいいけど、単に遊びに行くだけだとそのうち飽きて行かなくなる確率も高いし、遊びだけだと単なる「別荘」という感じが強くてフルサト感があまりない。フルサトっぽさを出すにはもうちょっと深いその土地との関わりが欲しい。

やっぱり地元の人や移住者などの「現地に住んでいる人」との交流を持つというのがとても大事だ。現地の人と仲良くなって、「あっちのみんなは元気でやってるだろうか」「そろそろまたあの人たちに会いに行くか」と思うようになると定期的に足が向くようになる。だから、この人たちと仲良くなりたい、と思えるような人が住んでいる土地を探そう。

そして現地の人と一緒にただ会ったり話したりするだけではなく、できれば一緒に何かをやるのがいい。田植えを手伝うとか廃校の改修を手伝うとか、祭りなどのイベントを手伝うとか、地域おこし的なボランティアを募集していたら参加するとか、何かその地域を活性化させるようなことが一緒にできると一番良い。

単にお客さんとして行くのではなく一緒に何かをすることで本当に仲良くなれるというところがある。その土地を活性化させることは自分のフルサトをより良くすることでもあるので一石二鳥だ。自分に何かスキルや特技があればそれを提供したらいいし、特に何も特技がなくても田舎は常に人手不足なのでいるだけで手伝えることはいくらでもある。都会から何かを持っていくとか都会の情報を集めるとか、都会と田舎を往復する人間だからこそ貢献できるようなこともいろいろあるはずだ。

フルサトを探すには、とりあえずいろんな場所に行ってみよう。気に入った場所があったり仲良くなった人がいたらそこに何度も行ってみて、単なる観光ではなくそこに住んでいる人と共同で何かをやってみるのがいい。現地に親しい人ができれば泊めてもらえるようになる。そして、たまに遊びに来るだけじゃなくてもっと腰を据えてその地域に関わりたい、と思ったら、やっぱり自分の好きにできる「家」があったほうがいろんなことがやりやすいと思うようになってくる。場所が決まったら次は自由に寝泊まりできる家を作ろう。

ということで第2章の「「住む」をつくる」に続きます。

第2章

「住む」をつくる

伊藤洋志

「どこに住むか」についての考え方

住む場所は古代の人々も様々な観点で選択し決めてきている。水がよい、いい漁場がある、土地が広くて稲作に向いている、森があって薪や炭がつくれる、温泉が湧いている、交通の要所になりそうだったから、などなど様々な理由がある。現代では、それに加えて住んでいる人が魅力的といった理由も加わった。面白い人がいるから、という理由はとても明快であるし、当たり前だが人は個別性が高いので比較する余地が少ない。たとえば島根県の松江市はRubyという世界的に有力なプログラミング言語の発明者が協力してRubyのプログラマーが集まる場所になって移住者が増えているそうだ。人が人を呼ぶ、という状況である。もちろんそのためには、Rubyの講座を開催できるスペースを用意してあったり、的確なサポートがあることに加えて、街の魅力など様々な要素が前提にある。新鮮な野菜が手に入るマーケットがあるとか、温泉があるとか、魚が旨いとか生活の質が高まる要素があることも大事だろうと思う。

ちなみに、日本の地方都市の多くは人口がだいたい3万〜30万人ぐらいまで幅があるが、これだけの人数がいれば世界的に見れば十分な都会である。人口が少ないからどうしようもない、と東京との比較で後ろ向きになる必要はないと思う。

どんな要素で場所を決めるにせよ、半分ぐらいは直感で流れに任せて決めてしまったらいい。なにも一つに絞らなければいけないわけではないんだし。弘法大師も白隠《はくいん》禅師も色んなところに拠点を持っていた。それでこのエリアは自分に合いそうだとなったら、次はその直感を確認する段階だ。周辺のことを知る調査に出かけよう。最初は先人の協力者が居れば居候しながらがよいだろうし、場所によっては移住者支援のために短期滞在者用の住宅がある。沖縄とか暖かい土地であれば、テント生活しながら家を探したという人もいた（先に仕事場が決まったため）。私はモンゴルの移動式住居、ゲルの新型簡易版を持っているので、土地だけならあるという状況だったら最初はゲルでスタートするのもいいなと思っている。

最初のころは、どんな土地なのか、どういう人が居るのか、何か自分の特技が活用できそうなところはないかなどを調べる。これは通えそうだというオープンな雰囲気のお店があればなおよい。そういうところには感覚の近い人が集まっていて情報が集まるからだ。土地の状況を知りながら、ここで自分の特技をどう工夫したら生かせるのかとか、どういう生活をしたらよいか、という作戦を考えると面白くなってくる。

自分の気分が盛り上がるポイントを徐々に増やしていこう。

ちなみに、特技というのは特殊能力だけではなく、草刈りができる、車の運転ができる、自炊ができる、PCのセットアップができる、ネットで買い物ができる、というレベルでも場所によっては特技になりえる。高齢化したエリアでは、草刈りができる人がいるだけでも貴重である。なんなら日本全国高齢化していくこの時代においては、生きているというだけでどこでも特技になる。生きていること自体が本来は価値であるが、単にそれが見えにくくなってきているのが現代都市生活とも言える。東京ですら、一人暮らしのお年寄りが、自分の家の片付けをやりきれないで寝る部屋以外はゴミ部屋になってしまっているケースも珍しくない。片付けも仕事になる。

さて、調査に出かけていろいろなものを発見するだろう。たとえば「知られていないがめっちゃ面白い登山道があるからここで何かできそうだ」とか、「山椒の木が余っている」などのナリワイの種になりそうなことや「この吊り橋の景色がいい」、「星空を見るとよさそう」とか、「ここの石垣がかっこいい」などの景色がよい場所を探すのも気分が盛り上がるので大事だ。天気がいい日は気に入った場所で弁当を食べるとか、そういう小さなイベントがつくれると生活が楽しくなる。お金をかけずとも日常が楽しくできる工夫を考えることもフルサトに必要なことだ。なぜならフルサトは生きていく基盤が充実しているところだから、マネー経済から離れられる要素が多いとよい。テーマパークに行かなくても楽しい休日が過ごせるぐらいの身軽さがほしい。ほかに探してみるとよいものとしては、気に入った温泉とか、魚屋、豆腐屋やカフェ、パン屋さんとか酒蔵などである。これらも生活を充実させるための重要な位置づけとなる。もちろん全部揃っていなくてもいい、その場合は自分たちでつくってもいいだろうし（「ない」ことはチャンスでもある）、誰かを呼んできてつくってもいい。

調査の時点では自分の拠点となる家がないことも多いから、先人の家に居候することが多いと思う。居候する際には、居候先の農作業を手伝ったり掃除したり、何かしら小さいことをやるのも気分よく居候するコツである。私は、定住している人が日常的に掃除しないような水まわりの蛇口とか棚の足下とかを掃除したりする。そこはたまにしか来ない人にしか目につかない場所なので、居候の視点を役立てられる。あんまりやると小姑のように相手に気を使わせてしまうが。

私が面白いと思ったのは、工作が得意な美術大卒の友人が居候中に余っている廃材でその家に足りない家具を半日でつくるというお返しであった。廃材で棚とかをつくるのはお金がかからないうえに味わい深いものができる。家具をつくるのは集中力がいるから、住んでしまっている人はなかなかきっかけがないと取り組めないことなので、居候としてはちょうどいい作業である。こんなかんじで、居候がいると家主にとってもいいことがあるというのが理想だ。それに何もしなくても違う土地に住んでいる人同士が話すのはお互いに刺激になる。また、人が来るから大掃除しようとか、そういうきっかけがあることが家のメンテナンスに大事だったりする。何もないと住んでいる本人は「まあこんなとこでいいか」と散らかってくるものである。

家をどうやって探すのか?

調査時代は、先人の案内で周辺を回ることも多いのだが、だんだんその土地に詳しくなってくると、より長期かつ、自分が独立したペースで行動したくなってくる。この辺りになると、家が必要な段階だ。

本書の題材にもなっている熊野のケースでも、最初は先人にいろいろ案内してもらって人に会ったり、余っているものを探したりしていた。それがだんだん自分のやりたいプロジェクトの構想が出てくると、独自の家が必要になってくる。構想といっても2〜3週間ぐらい籠って作業をしてみたいとか、短期間東京から離れて執筆してみたいとか、友達を呼んでイベントをしたい、そういうレベルでOKだ。居候生活だと10人ぐらい友達を呼ぶのはさすがに気が引ける。

さて、ここで気になるのはやはり家の見つけ方だろう。田舎は家賃が安いため、仲介不動産屋さんが存在しにくい。何しろ家賃5千円の家を仲介したところで5千円にしかならない。さらに家々が遠いところにある。案内してたら1軒で半日かかったりして赤字だ。なので、だいたいが口コミで発掘するしかないのが現状である。

さすがに口コミだけだと入り口が少ないので、最近ようやく行政やNPOなどで空き家を発掘して紹介する活動をしているところもぼちぼちと出てきている。空き家を探してサイトで情報を公開したり、空き家改修のワークショップを開催しているところもある。広島県尾道市の通称「空き家プロジェクト」ではDIYのワークショップを開催したり、空き家の改修をサポートしたりしている。徳島県神山町のサイト「イン神山」では物件情報を紹介している。このような活動は全国で必要とされている。

もし、田舎に軸足を置いて活動するなら、こういった活動に取り組むのもよいナリワイになり得ると思う。これ単体で生計が立つかどうかは分からないが。

とはいえ、まだまだ日本全国過疎問題に悩まされ、空き家増加も問題になっている。なんとか対策しなければ、と嘆く割にはいっこうに空き家は貸し出されていないところが多い。仕事がないから田舎に住めない、という以前に家が借りられないのだ。ドイツ、イギリスなどにはスクウォッティング（squatting）という、空き家に勝手に住んでしまうという荒技もあるが（占拠後に数十年経過したら所有権が発生するケースもある）、そこまでやらないでも、やれることはある。

本題に戻って、なぜ空き家があるのに貸し出されないという矛盾が生じているのか考えてみるといくつか原因がある。まずはその原因を認識して、様々な工夫とトンチで解いていくことが、家をつくるための鍵だ。以下、原因を見ていこう。

【第一の原因】

そもそも持ち主に貸し出す意欲がない。

古来日本では家は代々引き継ぐもので、貸し家という方法は特に農村部でほとんどなかった。遠い都会ではアパートとかを借りて住む風習があるらしい、ぐらいの理解はあるかもしれないが「家を貸す？　そんなこと考えたことなかった」と認識していることも珍しくない。これは長らくの間ずっと同じ家系が「家」という集団を維持して物理的なイエ（土地）を引き継いできたのが習慣になっているからだ（かといって平安、鎌倉時代からずっと同じ所で代々住んできたというところばかりではなく、人々は移動している）。

また、家を空き家のままにしておいても多少固定資産税がかかるだけで、特に困らない。そう、過疎化問題の重要なポイントは、過疎地に住んでいる多くの住民の方、特に年配の方自身にとって、過疎化でそこまで困っていない、ということである。穏やかに余生を過ごせることや、たまに孫に会えるための空き家を確保しておくことのほうが、地域に新しい人が移住して、にぎわうことよりも重要と考えることが多いだろう。同じように、抽象的な地域活性化を最優先にするのは難しい。ただ、近所にパン屋ができて日々の生活が便利になったり楽しくなるような個別の話なら歓迎されるかもしれない。だから、いきなり「地域活性化」など大きいことを考える前に、具体的なことから考えていくほうが健全だ。

人口減少の時代に空き家が増えるのは確実なのだが、廃屋があるだけで街の雰囲気は荒む。町並みを公共財産と考えるなら、所有者には家を活用する義務があってしかるべきだろう。いくら自分の所有物とはいえ、空き家を放置しつづけることはあかんことやで！　ということである。そうはいっても相続などで所有者自身がもうその地域にいないケースも多くあり、所有者の管理者としての自覚がなくなっている物件も増えている。これにどうアタックするのかが課題である。ようやく「空き家対策特別措置法」（２０１６年施行）ができたが、倒壊一歩手前にならないと措置できない。

ただでさえ日本は湿気が多く家は壊れていく速度が速い。人が住んだほうが劣化しにくい。だから空けておくよりは使ってもらうべき、というシンプルな話であるが、本来はシンプルな話にも様々なハードルが存在する。この、「貸す意欲がない問題」については、空き家を放置してはいけないという認識が広まった地域を選ぶ、家の活用プランをつくって持ち主に説明に行く、などいろいろな作戦がありえるだろう。空き家問題に取り組むＮＰＯが長らく活動していると、借り手と貸し手の関係が安定し、信頼が蓄積されていきやすいので、この問題は多少解決される。

【第二の原因】

よそ者アレルギーである。

長らく外から人が移住してきていない土地は、新しい人がやってくることに慣れてなさすぎて、とにかくよそ者は、怖い、危ないというイメージであったりする。また一度家を貸してみたら、その人が変な人で「引っ越した先が携帯の電波が届かない！なんとかしてくれ！」と役場に苦情をぶつける人だった、などといった悪例があると、それが稀なケースだとしてもそのイメージで固定化されてしまう。無駄に行動力があるのがモンスターの特徴なので案外起こりやすい事例だが、このような稀な事例を一般化して「よそ者＝モンスター」というのは本来は間違っていて、若者は全員キレる、というレベルの乱暴な認識であり偏見である。ただ、残念ながらそれを「偏見ですよ！」と言うだけだと状況は変化しないのもまた事実である。

悪しき先例による偏見を乗り越えるには、小さいイベントを開催して招いたり、こちらも地域のイベントに参加してみて実際に会って話して様子を見せて「まあ困ったことにはならなさそう」と認識されることが大事だったりする。お互いイメージだけで考えていると埒《らち》があかない。小さい具体例を見せるところからはじまる。そういう意味では、地域の草刈りとか祭りの準備会とかの会合とかもチャンスではある。あと、盆踊りもよい。

逆に言えば、宿場町とか港町など、もともといろいろな人が出入りしてきた歴史がある場所は比較的オープンであることが多い。いずれにせよ市町村レベルでも気質にはそれぞれ違った傾向があるし、さらには集落単位でも、大人しい集落や、飲み会が好きで行事が多い集落など様々であるので、そのへんは個別具体的に見て行くのがよいと思う。

【第三の原因】

仏壇問題である。家は空き家だが仏壇があると貸し出しにくい、ということである。昔でいえば、仏壇があるということで他人に家を奪われない効果もあったのであろうが、それが今になると家を貸し出しにくい効果を発動してしまっている。これは仏壇の手入れをすることを条件に借りられたりもする。

【第四の原因】

持ち主が空き家を無価値だと思い込んでいる。

壊れているところが多いから、貸せるわけないと家主が思い込んでいるだけ、という家もある。この場合は、無理を言って一度見せてもらうとよいと思う。その際にチェックすべきところは、掃除や内装の補修で住めるようになるかどうか、である。柱や土台など重要な部分がイカレている家だとハードルが高い。逆に一見汚れていて雰囲気が悪いところも、柱や梁さえしっかりしてれば、掃除して風通しをよくすれば、かなり蘇る。ただし、建具は自作するのが大変なので、窓などの屋外と屋内を仕切る建具が全部なくなってしまっているケースだと、修復は不可能ではないが建具代がかさむ。地味に大変なのは、前の住人のモノが放置されているのを片付ける作業である。ごく普通の家ですら余裕で軽トラック2杯分ぐらいは粗大ゴミが出る。ナリワイ的視点では空き家を片付ける仕事は需要がけっこうありそうである。

【第五の原因】

ごく稀に使うから貸せないという「盆と正月」問題である。

年に一回息子・娘さんたちが帰ってくるのでそのときだけ使うから貸せない、という話である。この場合は、帰省の間だけ家を空ける条件で借りて、家主の息子・娘さんの帰省時だけ旅行を兼ねて滞在場所を変える、という手もあるかもしれない。お盆と正月は明け渡します、という「盆と正月明け渡し特約つき」賃貸契約を編み出してもいいかもしれない。

原因はまだまだある。

【第六の原因】

見栄、あるいは世間体問題。

他に貸したり売ったりするとお金に困っていると思われるから貸したくないということである。この場合は無料で借り受けるというのも一手かもしれないし、貸すための大義名分を用意してあげることも必要だろう。単なる私的な家として借りるだけではなく、少しだけでも開かれた場所として運営し、地域全体のためになりそうだ、というプランが有効かもしれない。熊野で借りた家では、夏だけ地域の子供たち、中高生に勉強を教える塾を開いた。

以上、ざっと六つの原因をあげてみた。過疎地における家というのは、これらの原因がクリアされれば借りられたり、買えたりもする。たとえば、過疎化が行き過ぎて空き家を手放しはじめたとか、信頼できる移住歴の長い人がいて、その人経由なら家を貸し出すとか、上記の原因を払拭する条件が揃ったときに、空き家は貸し出される。

その条件を見極めるのが肝心だ。

これを踏まえて家を借りる条件をまとめると次の条件になる。全部揃う必要はないが、貸し出されない原因を払拭するための条件で、多ければ多いほど確率があがる。

フルサトの家確保条件

【環境条件】

・このままでは人口が増える様子がない……もしかしたら高く売れるかもという邪念があるとなかなか適正値（数千円から1万〜2万円レベル）では貸し出してくれない。また、移住者が多すぎて家賃が高騰している離島もある。一極集中ではなく分散することが、フルサトをつくることの面白さでもある。あえて皆と同じ行動をとらなくてもよいだろう。

・新しいことに理解がある……元宿場町、港町だと新しいことに理解がある人が比較的いる。そういう場所のほうが広がりがある可能性がある。昨今、アートイベントが全国各地で行われるようになったが、美術作家のような常識的なものの見方を乗り越える活動をしている人に触れる機会が多い場所の人は、新しいことに理解がある人が多くなりそうだ。アートで町おこしというのは恐ろしいキャッチコピーだが、アートイベントは観光イベントみたいに扱うのではなく、本来は人々のものの見方を広げることのほうが主眼ではないかと思う。

・賃貸文化がある……離島などは賃貸という文化自体がないケースが多い。少なくとも貸すことがタブーでない程度の場所がよい。しかし、逆に難しいところに突破口を開くというのも勇者の重要な仕事ではある。やる気があるならチャレンジしてみてほしいが、個人の努力だけではなんともならないので作戦とタイミング次第である。

・不便でもよいがアクセスが困難ではない場所がよい……時間がかかっても自力でたどり着ける場所がよい。たとえば最寄り駅からは車しか交通手段がないところだと、車が運転できない人が遊びに来られないから厳しいかもしれない。

【人の条件】

・先人の紹介がある……都会の人は無条件で恐ろしいと思われていることもある、しかし知り合いの知り合いであるというだけでかなり警戒は解ける。知り合いがいなければ、何かイベントなどに参加するのがよい。ちなみに移住をすすめる雑誌は古くからあるが、その多くは不動産広告収益で成り立っている。そこには売買で利益を出したい人が複数関与しているので、物件は当然ながら高めの値段設定になっている。

・公的な支援がある……NPOや行政にサポート部門があると心強い。ただ、担当者の資質によってかなり左右されるので期待しすぎてはいけない。

・共鳴できる人がいる……その土地にアイデアや企画力に優れた人が一人でもいると、自分一人で何かやろうとするよりも遥かにやりやすいし、選択肢も広がる。

【物件の条件】

・持ち主に管理する余力がないが、なんとかしたいという意欲はある……放置すると傷《いた》むし貸さないとやばい、という気になっている家主であると借りやすい。

・少し近所から離れているとベスト……定住ではないフルサトの場合はあまり集落な

どの中心に位置する家ではないほうがよい。中心の家はできれば人が常にいたほうがいいだろうし。

・一部壊れているが構造は大丈夫……柱や梁そして屋根がしっかりしていれば修繕は可能。程度にもよるが雰囲気にまどわされないこと。

ざっと条件を整理するとこんなかんじになる。もう少しイメージしやすいように実際にあったエピソードに基づき流れを書いてみるとこんなかんじである。

【桜の見える一軒家の話】

ある集落に、桜の木が生えていて見晴らしのよさそうな空き家があった。桜の木が二階から見える家で畑もついている。ここが使えたら面白そうだ、と集落で移住の支援活動をしているＮＰＯのスタッフは考えた。

そこで家を知る人に聞いてみたが「あそこはええけどボロいからなあ……」と言って持ち主を紹介してもらえなかった。たいていは「ああそうですか」で終わる。

しかし！ ここからが勝負である。ひとまず「見るだけでも！」と言って、持ち主を紹介してもらった。そして、見に行った。するとモノが多くて真っ暗で、天井が一部抜け落ちそうになっていた（屋根は大丈夫）。破損箇所は北側の一階である（この場所はよく傷む）。モノも大量に放置されていて、まるで住んでいた状態で人だけが引っ越していったようである。そんなこともあり、パッと見の雰囲気はかなり悪い。だが、柱とか梁とか建具を見てみるとかなり状態がよい。いい木を使っていて、柱はつるつる。これは伸びしろがある物件だと分かった。床を張る程度でなんとかなりそうなので、予算もそこまでかからないと推測できた。「これぐらいなら自力で直して使えます、直さなくていいので貸してください」と言うと、「そうなん？ なら貸しますわ」とOKが出た。

これはほぼ実話である。

これは、表面的な雰囲気は廃墟感があっても伸びしろがある物件の例である。可能性が確認できたら具体的に借りたい家賃を伝えて交渉が始まる。放置され続けた物件には確かな相場はないので、理想に近い希望額を最初に伝えることが肝心である。逆にパッと見がきれいでも、柱や梁が貧弱だったり、建具が歪みで動かないとか、そういう現象があれば、その家は要注意である。修繕レベルで済まない可能性があるし、修繕してもたいして居心地がよくならないかもしれない。

多くの空き家は「大家さんが責任を持って修繕してから貸してください」という話だと、断られることが多い。なにしろ、もともと持ち主が興味がなくて放置している家だからだ。お金をかける意欲が基本的にはない。だから、自力で家を修繕するという手段を持つと、かなり選択肢は広がる。もちろん時間に余裕がなくてお金に余裕があれば業者さんに頼んでもいいが、リフォームの質の管理は素人施主には難しい。よくリフォームが手抜きだとか見積もりと請求額があまりにも違うとか、自分の好きな自然素材のペンキを使ってほしいと頼んでも普段使っているものと違う材料は使ってくれないとか、しばしばトラブルになったり、思い通りの仕上げができなくて妥協せざるを得ない場面も多い。まあ業者さんも時間に追われていて大変だと思うが、実際に難しい分野である。だからできるところは自分でやれると、よい大工さんを選ぶ目も育つのでよい。

今のところ、田舎においても都市においても妥当な設定の賃料で家を借りようと思ったら、人づてが有力な手段である。だから、まずはその土地の協力者に出会うことが大事である。

また、仮にお金があるからといって家賃をつり上げるような形で借りると、他の人の迷惑になるので控えたい。ある南の離島は年配の方の退職後のリゾート地として島外からの移住者が増えすぎて家賃が値上がりし、一方で最低賃金は上がらないので家賃と賃金の差が開きすぎて地元の若者の住む物件がない、という恐ろしい事態を生み出している。たくましい人がいればその裕福な移住者向けの商売を考えて仕事をつくれるのかもしれないが、離島は経済競争バリバリじゃない平和な暮らしをしていた時期が長いので、いきなり移住高齢者向けのヒット商売をつくれ、といってもなかなかハードルが高いし、それがやりたい仕事なのかというと疑問であろう。

【物件のチェックポイント】

□ どこか好きになれる部分があるか……自分のボルテージがあがる可能性を秘めているか。縁側とか庭とか見晴らしがいい窓とか気分的に盛り上がれるところを探す。

□ 柱が著しく歪んでいないか……柱とか梁が歪んでいると厳しい。

□窓など建具がちゃんと残っているか……建具だけは素人がつくるのは難しく、セミプロレベルの技術習得が必要。

□床が腐っていないか……空き家の床はだいたい傷んでいる。自力で修繕可能だが、傷んでないに越したことはない。

□床の土台部分が腐っていないか……床板だけなら難易度は低いが、束《つか》（床を支える柱みたいな部分）まで腐っていると少し大変。

□雨漏りしていないか……ひどい雨漏りは瓦が割れているなど分かりやすいものもあれば、原因が分かりにくいものもある。雨漏りすると家が傷むので空き家はできれば雨漏り前に発掘したい。

□木造なら梁や柱が丈夫で太いとその家は力がある……変なリフォームの表面に惑わされないこと。

□トイレとお風呂場が無事か……水まわりはお金がかかりやすい。自力でやって技を覚えるのも一興ではあるが。

□キッチンの状態……だいたいの空き家が昭和に普及したタイプの収納つきのシンクである。これは湿気が溜まりやすい。見た目も目障りなのでシンクに天板と脚をつけて、シンクの下の空間は空けておくテーブル型にするのがおすすめである。

※完璧な物件はほとんどないので、自分たちの手でよい雰囲気の家に仕上げて行くことが大事だ。その過程がまた面白い！　多少不便でも独自の魅力が感じられる物件がおすすめ。

ところで、空き家が多いといってもどれぐらい多いのだろうか。現代は便利なものでおおまかな数値ならインターネットですぐに調べられる。

たとえばこういうサイトでも見ることができる。

「見える！　賃貸経営」

http://toushi.homes.co.jp/owner/
賃貸用の物件の空室率は2割ぐらいの都道府県が多いことが分かる。
総務省も統計データ「住宅・土地統計調査」を出していて、分析もしている。
http://www.stat.go.jp/data/jyutaku/index.html

もちろん統計情報だけでは不十分で、現場での感覚と照合して考えなければいけない。周辺を実際に見てみて空き家があるかどうかを調べる。障子がやぶれたままとかカーテンがないとか雰囲気を見ると空き家かどうかは外から見てもある程度分かる。この空き家いいかもしれん、となったら近所の方に持ち主を聞いてみると教えてくれることもある。

実際に空き家が借りられることになったら、次は住めるように段取りを整えていくことになる。床も腐っておらず傷んでいるところがなければスーパーラッキーだが、日本は湿気が多いので5年も放置していると床が腐ってしまうことが多い。まあ自然に還っていく素材でできているという意味ではよいのだが。

したがって、だいたいの空き家においては床を張り直すことが多い。床については、土台である束が腐ってなければ素人でも張り替え可能である。もし土台が腐っていても今は高さを調節できる鋼製の束があるので、やってやれないことはない。家の修繕方法については、様々なＤＩＹ関連の本で解説されている。

本書では勘所だけまとめたい。

【ＤＩＹするときの勘所】

・まず、やってみる

「本を読んで勉強してからやろう」、「先生が見つかったらやろう」、などと考えている間にやる気が霧と消えることが多い。最初は、2時間だけネットでやり方を調べて、ひとまずやってみる。今の世の中は、様々なチャレンジャーが実践例を公開してくれている素晴らしい時代である。そして、必要そうな道具を近所の道具屋とかホームセンターで入手してやってしまう。こんなの素人にできるのかな？　という不安はひとまず置いといてやってしまおう。壁に漆喰を塗るのもコテがなければビニール手袋をはめて手で塗ってしまってもよい。やってみてうまくいかなかったあとで本を入手したり人に聞いたりするぐらいがよい。最初からうまく楽することばかり考えていると進まないし、応用力が身に付かない。DIY修繕は応用力が勝負である。なんせ、壊れ方も家それぞれだからである。

・一〜二人で全工程をやらない

家の修繕は全工程を1人だけでやらないほうがいい。なぜなら細かい作業が膨大にあるので、一人だと進みが実感しにくく精神的にも疲れてしまう。不要品が多めに放置されている家だと全力でやっても一人だと片付けに1週間以上かかる。家の修繕は勢いが肝心である。道具の関係で少人数でしかできない作業もある。場面場面においてはイベント的に家の修繕に興味がある人を募って3人以上でやったほうがよい。単に人数が多いから早く進むだけではなく、誰かが疲れてきたときにそのうち一人ぐらいは元気だったりして現場の雰囲気が明るく保たれやすい。全体の持続力が一人のときより激増するのだ。5人だと5倍じゃなくて10倍ぐらいになるかもしれない。不要品の片付けも、バケツリレーができたら、一個一個運ぶより凄まじいスピードで進む。片付く様子がはっきり分かるので、さらにやる気が出る。

ちなみに、今回はpha氏のギークハウス組とイトウの友人で修繕をしたのだが、人が多いときはpha氏は少し作業しては休んで作業の様子を見ていたり、お茶を沸かしたりしていた。おかげでハードな一軒屋丸ごと修繕だったが、根詰めてギスギスした雰囲気にならずにすんだ。そして人数が少ないときは突如pha氏も重いモノを運んだり、床を張ったりして働いた。

・修繕の結果をマメに見えるようにしていく

進んでいることが分かるように作業を進める。たとえば効率最大化を目指すプロ的なリフォーム作業の場合は、家全体でまんべんなく天井から床へ仕上げ作業を進めていく。だが、素人リノベーション作業の場合は、たとえばまず一部屋だけでも完成させる。「おお、完成後はこんな部屋ができるのか」という具体的なイメージが湧くように進めていくとやる気が落ちにくい。床や壁なら一面でも仕上げて完成した風景を見ると、次の展開が想像できるようになる。こうなると俄然やる気が湧くものである。

・いろいろな素材と道具を知る

リノベーションの勘とは、様々なケースの修繕方法とその出来栄えをどれだけ頭の中に叩き込んでいるか、というのが重要だったりする。これは手間が少ない半面、ちょっと大雑把に見えるとか、これは手間がかかるけど見た目が美しく仕上がるとか、そういうデータベースと、それを現場ごとに判断する感覚である。また、どういう道具があるか、どんな素材があるのかを知っていて使い方を知っているかというのが最大のポイントの一つである。だから自分以外の家の修繕を手伝っておくというのはタダで予習できるよいチャンスである。特に修繕による雰囲気の変化はやってみて完成後の実物を見ないと経験値にならない。

・一人だけの作業をあまりつくらない

素人が集まって作業するので、2～3人一組で作業に当たるとミスも少なくなるし、気分が盛り下がりにくい。接着剤でひっついたささくれ立ったベニヤ板をコテではがすとか、地味で心が折れそうな作業も存在するのが家の修繕である。そういう作業は一人でずっとやらないようにしたい。心が折れる。一方で地味な作業を一人でやりきったら、心が相当鍛えられる。それはそれでお勧めであるが、手伝いにきた友人には任せないほうがよい。

・電動工具は練習してから使う

ノコギリ、ゲンノウ（＝金づち）などは怪我することがあるかもしれないが、それほどリスクは高くない。だが、電動の丸ノコなどは大怪我をする可能性がある。したがって、慣れた人に教えてもらってから使うほうがよいし、人が入り乱れるような動線が多い場所では使わない。また丸ノコよりも作業台が一体化したスライド丸ノコのほうが安全性が高いのでおすすめ。髪が長い人はモーターに髪が巻き込まれたりすると恐ろしいので、髪をまとめて作業する。首からタオルをだらりと下げるのも厳禁だ。学生には一人で使わせないこと。

とくにスライド丸ノコは床板を切るときに破壊的な威力を発揮する。ぜひ使いこなしたい道具だが、いちいち買うと大変なので大工さんを講師として呼んで貸してもらうのも手である。ドイツなどでは自力修繕をサポートするＮＰＯがあり、使い方を教えてくれ、さらに工具の貸し出しも行っているところがあるそうである。日本もそういう団体が地域限定で生まれつつある。私が主宰している「全国床張り協会」も、床張り分野に限定してそのような役割を果たすために設立した団体である。

・素材選びに注力する

家づくりは料理と同じ、素材が勝負どころである。素材がよければ仕上がりはかなりよくなる。厚めの杉板を選ぶとか、使うほどに味が出る素材を使うのがおすすめである。フルサトの拠点の家は消費物ではないので長く使う前提で手を入れる。材料は買うばかりでなくても、廃材をうまく組み合わせてもいいし、山から切り出して使うのも時間はかかるが面白いことであろう。なんでもかんでも自然素材万歳というわけではなく、鉄筋コンクリート造でもコンクリのつくり方によっては200年持つようにつくれるそうである。

・ある程度は諦める

家の修繕は完ぺきを目指すのが必ずしもよいとは限らない。完ぺきにしようとすると終わらないか、無駄にコストがかかってしまいがちだ。なので、第一期とか第二期とか区切って早めに使いはじめるほうが得策だ。住みはじめると、どこを修繕すれば印象がよくなるかが分かる。もともと古い建物を修繕するわけなので下手にきれいに仕上げすぎてもアンバランスになる。熊野の家は、山小屋感を残しつつ水周りや床などには手を入れている。

たとえば、木造家屋は隙間風が多過ぎるなら塞ぐなどの対策が必要になってくるのだが、湿気が多い場所だと下手に全部を塞いで気密性が高まるとカビが発生しやすくなることもある。だからといって寒いのを我慢するというのも厳しい話だから、そこは工夫で解決だ。

　特に熊野は日本でも有数の多雨地帯だし、今回の家に関してはもともと隙間が多かった。そこで隙間を塞ぐのをあきらめて通気性が高いままで、家の中に部屋をつくるべく室内テントをつくることにした。テントといっても蚊帳《かや》のような形のテントである。寒い時期も暖める空間を狭くすれば、それほどエネルギーを使わずに暖めることができるのではないか、という作戦である。これは当たった。簡易な暖房をするだけでかなり暖かく過ごせるようになった。空間を狭くするだけで暖める効率はめちゃくちゃ上がる。

　こういうものは地元のテント屋さんにつくってもらうのもよい手だ。地方都市にも一軒ぐらいはテント屋さんが残っていると思うので、発注するとつくってくれると思う。テント屋とか帆布製造所みたいな看板を見かけたら覚えておこう。意外にある。

うちの場合はちょっと違う方法を取った。廃棄されたカサを使ってつくったのである。もともと廃棄されたカサの生地を再利用して作品やプロダクトをつくっているCASA® PROJECTという活動があるのだが、代表のHOUKOさんが大きいタープをつくっているのを見て、これを室内におけば見た目もかわいいし、材料もタダなので

（手間代はかかるが）、これはいいということになり、お願いすることにした。カサは8等分に切って大量の三角形の布ができるので、それを張り合わせてつくる。様々な色のカサの布が使えるから、カラフルなテントができる。単色だとちょっと野営感が出てしまうので、とてもよかった。一部にビニールガサの透明な素材も使うと窓にもなる。照明がテントの外にあっても透けてちょうどいい灯りになる。これがかわいい！　サイズは縦3m、横4m、高さが2mである。大事なのは床に約20cm這わせるぐらいの高さに余裕を持つこと。冷気は重いので下から入ってくる。だからテントの裾と床の間に隙間があると、冷たい空気が流れ込んできて、効果が半減する。同じような理由でカーテンも床に接地していないと防寒効果は低い。かといって気密性が高い家でカーペットや畳にカーテンを這わせていると、カーテン布がダニの住処になったりするので気をつけなければならない。

・改修は謎解きゲームである

改修の面白いところは、一個一個が解決策を考えるクイズみたいなところである。矛盾をどう工夫で乗りきるかというのはよい判断力のトレーニングになる。たとえば古い木造家屋の改修において、天井をぶち抜き開放感を出す、というのは改装の醍醐味である。だが、天井が高くなれば暖房しても天井へ暖気が上昇して逃げてしまう。さらに屋根裏はもともと隙間をわざと開けてあって通気性がよいので熱が屋外へ逃げていってしまう。屋根裏の隙間は、もともと太陽で暖められた屋根裏の空気を外に逃がすための工夫なのだが、天井をぶち抜いてしまったら単なる隙間である。天井をぶち抜くと夏は断熱層を失って暑くなるし、冬は寒くなる。しかし、天井が高いのは魅力……。でも快適に滞在できるようにしたい。このような矛盾は改修において様々に出てくる。通常は天井を高いまま屋根に添って新しい天井板を張って解決する。しかしこれはハードな作業である。そこで熊野のシェアハウスでは前述のように冬用に部屋のような四角い蚊帳のような形のテントをつくって、その中だけを暖めることにした。結果、熊野の気候であればじっとしている居間部分が暖かければ、廊下とか長時間居ないような空間は少々寒くても平気なことが分かった。気温では3℃ぐらいの差が出て、冷たい空気が動かないので体感温度は気温差よりも暖かかった。このように、あれがダメならこの方法はどうか、と状況に応じて知恵を絞る。これが「改装謎解きゲーム」である。この応用力がついていれば、家の改装以外にも解決できることが増える。

・暑さ対策も工夫次第、いっそ祭りのネタにしてもいい

ちなみに天井をぶち抜いたら夏も強敵である。天井をぶち抜くと正午すぎの時間帯に直射日光で屋根が熱されて屋根からの輻射熱で暑くなる。先述のように屋根と平行に天井板を張って二重にするか、屋根に水をスプリンクラーで撒《ま》き続けるなどの対策がありえる。あとは、業務用の強力な扇風機で家全体に風を起こすのも有効だろう。あるいは直接対決を避けて真夏の午後は諦めて川に泳ぎに避難する、という手もある。屋根に登れるなら、遮光シートで屋根を覆い二重屋根状態にする方法もある。

熊野の家では、ある猛暑の一日に暑さのあまりやけくそになり、突発的に屋根に上がって水を撒いた。バケツをロープで屋根上に引き上げて、腰を落として阿波踊りのような動きでバケツの水を振り撒いたのだ。屋根が気化熱で冷え、自分も水を浴びて涼しくなった。即興で伝統行事をつくったみたいでなかなか面白い出来事であったが、その直後、水撒きの努力を打ち消すように夕立が降った。が、八百万《やおよろず》の神に雨乞いの儀式と認定されたということにしている。これはたまにやりたい。

建ててしまってもいい、小屋作戦

熊野の家については、先に移住していた友人から「家が余っているから使いませんか？」という打診を受けてはじまったのだが、その家は水害で一度水に浸かってしまった家であった。壁から床から天井板まで、カビが生え、接着剤がはがれてベニヤ板がベコベコに崩壊しており、上下左右と家の全ての面が全滅している状態であった。ただ骨組みはしっかりしていたので、修繕したら使える、と踏んだのである。

しかし、正直言って改修するよりも新築したほうが早くできるんじゃないか、というぐらいの手強い物件も空き家の中にはある。なので、新たに建ててしまうというのも一つの手である。いきなり一軒家を建てるのはハードルが高いように思われるが、それもやり方次第だ。

私が今取り組もうと思っているのが小屋づくりである。たとえば木造のシェルターベッドがいくつか開発されているが、これに壁や天井や床を板張りし（全国床張り協会の実習に参加すれば体得が可能）、屋根をつければ家になるのではないか。

2階建てなど複雑な家はこのやり方では難しい。だが、小屋なら可能だ。小屋をたくさん作って、寝室小屋、書斎小屋、居間小屋などと少しずつ増やしていけば自分のペースで家を構築することができる。1年に1戸ペースで増やしていけば、住みながら増やすことができるので、全ての機能が揃った建て売り住宅をドーンと買うみたいに一度に高額の出費をしなくてもOKである。

もちろん多くの人は一括で買わないで、住宅ローンで分割払いする。これだと支払い総額が金利で増える。しかし、小屋作戦は違う。家の建築にかかる支出を小屋ごとに分散化させる。たとえば仮に4戸の小屋で一軒家と同じ機能が実現できて、コストも同じぐらいかかるとするなら、一軒家は一度に小屋4つ分の材料費が発生するが、小屋なら余裕があるときに小屋一つ分の支出をしていけばよい。さらに技術的難易度が一軒家よりも低いため、自力で建築するのもやりやすい。

世の中の住宅ローンは、家賃と同じ月々出費で先に家の完成品がすぐ手に入って住み始められる、という一見いいことずくめの魔術的手法だ。しかし転勤、地震、隣人リスクなどが発生しないという前提なので、それなりの博打《ばくち》をしている。なにより10年後、20年後に自分がどういう生活をしているのか分からないし、時代の変化に対応できないのが弱点だ。このような黒魔術に飲まれないためには、トンチが必要だ。小屋作戦のキモは、完成型までの全コストが一度に発生するのではなく、段階的になるので、分割払い的な出費にできるところにある。金利は発生しないし、最初から住める。小屋なら解体して運ぶこともできるかもしれない。

昔の人々も実は同じような工夫をやっていて、家はまずは土壁だけ仕上げて住めるようにして、余裕ができたら漆喰を塗って仕上げていく、という時間差支出で家をつくっていっていた。何も最初から完成品をつくらなければいけないわけではない。それに建て売り住宅のような完成後に徐々に劣化する素材を使うと、完成時はよく見えるが、劣化したときに切ない気持ちになる。実際、一度でも住むと新築の価格から数秒で減価するのが日本の住宅市場である。

通常、建築物というのは、計画とコンセプトを最初にがっちり決めて作り上げる。これは西洋的な手法と言ってもよいだろう。この、企業では当然の手法はそれなりの教育を受けて経験をみっちり積んでいて感覚の優れた人でないと大したものはできない。自分がよいと思う空間や建物を見た量、設計して建てた経験のデータベースの豊富さが必要条件である。そういう訓練を受けた人のなかでも、空き地に建物を建てるときは朝から晩まで1日ぐらい現場で過ごしてみて、日当りや周辺の雰囲気の変化を体感してから設計する方もいるという。

だからこそ、素人は1日といわず住みながら考えるぐらいのことをすればよいと思う。1日より10日、10日より1カ月とその場で長く過ごしたら、環境からの情報が入ってくるから、その家に関してだけはどこをいじればよいか、というのが見えてくると思う。「まあ、誰だって一か月もひとつの技だけみっちりやればうまくなるわ！」（『YAWARA!』浦沢直樹・小学館）と、素人柔道部員が練習試合に勝つために、大内刈りとか一つの技だけを練習したエピソードがあるが、自分が住む家に関してだけなら住んで意識的に家を観察して考えていれば明確な方針を持つことができるのではないか。

ところで、日本はホームパーティーをあまりしない。様々な家を訪問した経験がないと、どんな住宅が自分に合うのか、気分よく過ごせるのか、という見識があまり育たない。だから住宅を建てるときの判断基準がなく、キッチン設備の充実度とかイメージ広告だけで家を買ってしまうことにもなりかねない。

だから早いうちから色んな家を見たりして、見識を深めるのが家づくりには大事だ。ホームパーティーにまさかそんな効果があるとはあまり思われていないが、これに限らず日々自分が面白いと思うことを、身軽にやっていくことが生活をつくっていく力になる。生活すること自体が価値になるのが21世紀だろうと思う。そこがおろそかだと、いくら時間をかけて働いても人生の質が上がりにくい。

また、1回目につくった家では満足のいく出来に持っていけないこともあるので、早いうちに何回か家づくりができるとよいと思う。東福寺などの作庭で知られる重森《しげもり》三玲《みれい》は18歳のときに実家の敷地に天籟庵《てんらいあん》という茶室を建てたそうだが、その後も別の茶室を建てたり全国500カ所の庭を調査したりしていた。現代人はせいぜい1回ぐらいしか家づくりの経験ができない。これでは住環境の充実は厳しいと思う。できれば最後の隠居の家が集大成になるぐらいのペースで調子を合わせていきたいところだ。そういう意味でも手をつけやすい小屋からスタートするのはよい。オークヴィレッジという岐阜・飛驒高山の家具職人の村も最初は仲間内で小さな納屋を建ててみたら、自信がついて移住して村をつくってしまったという。だから、まずは小屋からだ。

まだまだ小屋作戦にはよいことがある。長期スパンで家をつくっていると材料がタダで手に入る確率が上がる。廃棄物は、いつのタイミングで出るか分からない。今すぐではなく、いろいろな人に声をかけたり移動中に眼を光らせておれば、家の資材に使えそうなものに出会うチャンスが増す。一軒目の小屋だけは材料を買ってひとまず住めるようにして、住みながら資材をもらえるチャンスをうかがっていく、という段階的作戦も可能だ。

そもそも世の中には廃棄物が多い。急ぎでなければ捨てられる資材を気長に集めることができる。にもかかわらず資材を買うということは、集める手間を省くためにお金を使って時間を買うことと同じである。〆切に追われていなければ、資材を集める時間をかけることもできる。「余っている太陽熱温水器ないですか」、「捨てるシンクないですか」と声をかけておけば、けっこう見つかるものである。まだ使えるのに捨てられている粗大ごみの総額は全国で年間約800億円とも言われている。これは宝の山である。あくせくガツガツしなくても必要なものが手に入ることがあるのが現代の面白いところだ。

人が集まるタイミングが決まっていて、その期間に一気に作業をしてしまいたいなどの場合は、タイミングと勢いも貴重な資産だから、多少の支出をしてでも材料を買ったほうがよい。何事も状況に応じて臨機応変にだ。その際も、ホームセンターで材料を買うよりは製材所から直接木材を仕入れたほうが質も確かでローコストだ（木材は乾燥させるために早めに買って現場に置いておくとよい）。

フルサトのきっかけづくりは瞬発力が必要

pha氏は、イトウが「熊野におもろい場所があるんやけど行きましょう」と言ったときに「おっ行ってみたい」と二つ返事だったし、最初のシェアハウスを見学したときに「ここ借りて共同運営するのどうですかね」と言ったら「いいですね、面白そう」と即答した。この即答できる瞬発力はフルサトを見つけるときにとても大事なことだ。ここで「熊野、遠いなー、うーんちょっと考えます」というかんじだと話があったこと自体忘れてしまうし、機会を逃すことが多いだろう。現代社会の日常は情報が多過ぎて埋もれがちだし、一度決めそこねるとだんだん忘れられていくというのが世の常である。うっかり決めてしまって、進めながらうまくいく方法を考えていけばいい。早く決めてしまえば、時間にも余裕ができるしいろいろな手が打てる。それに瞬発力といっても、いきなり500万円払えとかそういうハイリスクな決断ではない。単にやると決めるだけである。

とはいえ、突然見知らぬ人の家を「田舎に住んでみたいです！」とか、突撃訪問するのもあんまりよいとは思えないので、事前に段取りするとかオープンな場（イベントとか）に合わせてきっかけをつくるのが地味だが重要だと思う。最初にどういう出会いをするかは、その後の関係性を決めてしまうので大事にしたほうがよいと思う。なんでもかんでも、名刺交換して繋がればいいってもんでもない。

遠くと連携しよう

フルサトをつくるというのは、協力できる人がいる遠くの場所を持つ、と言い換えてもよい。遠いほうがよいというのは、地震など広範囲に影響がある災害の場合は、ちょっとの距離だとお互いにバックアップにならないし、行ったり来たりするときの気分の切り替えがあまりできないからである。「遠さ」が日常を切り換える力になるし、自分の普段の視点がフルサトでの物事をシャープな視線で見ることができる条件でもある。「遠さ」というのは距離のことでもあるし、環境条件的な距離でもある。

私にとってのフルサト、熊野に住む知人たちもたまに東京に現代社会の視察に来るし、そのときは東京に住んでいる人が案内できる。田舎は田舎で閉塞しているとアイデアも枯渇するし、東京は東京でずっといると刺激が常時ありすぎて疲れてきて感覚が鈍麻する。どちらも必要な部分をもっているので、いいとこ取りができるようにどうしたらいいか、というのが現代社会を生き抜く鍵になると思う。

まずは行き来する用事をつくって連携していれば、「家を持つ」きっかけは来る。2011年の東日本大震災の直後に紀伊半島も50年に一度の規模の台風による水害が発生し、私が居候先にしていた方が管理する若者教育の拠点である元小学校が浸水し、ベニヤの床がベコベコになるという事態となった。フルサトは困ったときが勝負どころである。フルサトの一大事にこちらも何かしなくてはいかん、とまず元小学校につくってあったパンの土窯の復旧を行った。土窯は防水性がないので水に浸かると崩壊してしまうのだ。ただつくり直すだけではもったいないと、実習ワークショップとして参加者を募集し、つくり方を一つ一つレクチャーしながら復旧した。なかなか土窯をつくるチャンスはないので、再構築を教育の題材にするのである。フルサトをつくるにおいても、ナリワイをつくるにおいても大事なのは、転んでもタダでは起きないというしぶとさである。さらに廊下のベニヤ床板もベコベコになったため湿気に強い無垢材に変える、というミッションも発生した。これも床張りを覚えるための場にしてしまおう、と塾講師かつ大工でもある床張りの先生をお呼びして、床張りを実習する講座を企画した。ここでマネーの力を駆動させて専門業者に丸投げしてしまってもいいのだが、百万円単位でお金が飛んでしまうし、技術が自分たちの中に残らない。技能を身に付けるには現場が必要で、かつ貴重だ。ということで床張り特訓講座の開催が決まった。まあ参加者が集まらなくても、どのみちやらなきゃいけないことだし、その機会をいくらかお裾分けするのが趣旨である。こういうのは、参加者集めに血眼になるのではなく、参加者がいたらラッキーだ、ぐらいの気持ちで臨みたい。ちなみに技術習得の場だけじゃなくて、三食と温泉とおやつが床張りワークショップの醍醐味である。50mの廊下を解体して床を張るというまさに特訓的内容だったが、こういうのはちょっとしんどいぐらいが手応えがあってよいと思う。

現場の材料や道具の確保と食事の準備は現地にいる方の担当、それをどういう人に対してどんな切り口で講座にするかを考えて募集告知をするのがイトウの担当、という役割分担ができたわけである。普段東京に住んでいるイトウのほうが告知には向いているし、もともとライター業をしていたので告知文章を考えるのが得意だということもある。熊野と東京の二拠点居住だったが、そのお陰でこういった企画が生まれたのである。

この床張り合宿は50mの長さの床を解体から張り替えまでを1週間でやるという熱闘甲子園のような連日の床張り作業だった。正直言って1日目、2日目は進みが悪く「これ終わるのか……」という途方に暮れる状況だったが、素人は上達も早い。後半になるにつれてスピードも上がり1週間9人で50mの床を解体して張り終えることができたのである。素人と先生の組み合わせでここまでできた、というのはその後、講師が教え、素人が実習しながら空き家の傷んだ床を張っていくという床張りセミプロ集団の全国床張り協会設立につながっていく。

フルサトを行き来する意義

多拠点居住のいいところは、普段の生活と異なる人や環境と接することで新しいものが生まれやすいというところにある。ずっと東京にいたら、床張りに可能性を感じることはなかったし、田舎にいるとDIYが当たり前すぎて床張りの楽しさに気がつかなかった。普段PC作業に没頭している身からすると、体を動かして結果が目に見える作業はかなり楽しいのである。やはり環境から入力される情報の質が田舎と都市ではかなり異なる。それが普段とは違う発想を生み出す。何か変えようと思ったら、入ってくる情報の質を変えるしかない。それは普段つきあう人かもしれないし、住む場所からかもしれないが、それを両方変えることができるのが多拠点居住である。

行ったり来たりを無理なくする方法

もちろん多拠点居住には弱点があって、移動コストがかかる。定期的に通える条件を整えていくのがフルサトをつくるうえで大事である。それも無理なく。しんどいと続かない。フルサトに仕事をつくって、行く理由と交通費を稼げるようにするという技は第4章で考えるとして、移動自体を工夫することももちろん大事だ。急いでいるとき、時間に余裕があるときなど状況に応じて一番ローコストな移動手段を考え、時には移動手段そのものを開発することがフルサトを小さい負荷で維持するポイントである。

以下、いくつか工夫の指針となる考え方をまとめる。

・移動自体を楽しむ

長時間の移動もミーティングやカフェに行ったと思って移動自体を楽しめるように、

タイミングを合わせて何人かで移動する。カフェでちょっと長めにおしゃべりしたら2時間ぐらい経っていたということがある。そういう感覚で何人かタイミングを合わせて移動する。「青春18きっぷ」もそのまま使えば時間がかかるけど安くなるチケットであるが、移動中の過ごし方いかんによって、カフェ代と思えばさらにお得である。2時間もあればなにか企画を考えるのには十分な時間である。移動している間に仕事の打ち合わせが終わったりする。柳宗悦らの民藝運動の構想も列車の中で話し合われたそうである。

・大人数で移動する

レンタカーを4人で借りれば圧倒的に安くなる。寄り道もしやすくなるし一石二鳥である。ただ、これをやると車と同じタイミングで帰らないといけなくなるが、ある程度の人数が集まる合宿イベントとかなら行きだけの人、帰りだけの人など組み合わせれば自由度が高くなる。長期滞在の場合はレンタカー代がかさむので、乗り捨てにするか、あるいはリースにしてしまうのも手である。今コンパクトカーならリース代が月2万円台ぐらいである。

・大都市間のバス移動は安い

熊野のようなところだと、ローコスト交通の代表格、深夜バスも片道1万円ぐらいであまり安くない。しかし、たとえば東京‐名古屋、東京‐仙台間などは適度な距離で大都市間なのでバスがとても安い。このような短く安いところだけを体力を温存しつつ使って、残りは楽に移動できる鉄道やレンタカーを利用するのも手である。

・ついでに用事を済ませてしまう

行く途中で用事（遊びとか仕事とか）をつくってしまう。熊野の場合は東京からなら途中の伊勢神宮、関西からなら白浜温泉に立ち寄る。このように途中についでに寄れそうな行きたいところをつくってしまうというのもよい手である。いつでも一粒で二度おいしい、を狙う。もちろん二兎を追うもの一兎をも得ずにならぬように注意しながら。イトウの場合は、京都に共同運営している一軒家シェアスペースであるもう一つの拠点「古今燕」があるのでそこの用事をあわせてやるように日程を合わせている。

・中継拠点をつくる

たとえば、東京‐名古屋‐熊野とそれぞれに泊まるところがあれば移動の選択肢に幅もでるし楽に移動できる。各場所にシェアスペースをつくるのもよいが、各地のシェアスペース運営者と連携してお互いの場所を共有する、というのもよい手である。家は何も全部自前で確保しなければいけないわけではない。お互いに交換して使うのもよいと思う。熊野と東京の場合は、名古屋も重要中継ポイントになるなあとか考えていると、昔もこうやって宿場町が形成されてきたのかな、とか考えられたりして面白い。

このように、フルサトをつくるにあたっては、最初は家がない段階からもはじめられる。通って短期滞在する、仕事をつくる、などの小さなジャンプを積み重ねていけば、それがやがて家をつくることにつながっていく。

もっとも、そんなにコストがかかるものでない場合は、よい話があればさっと家を確保してしまってから何をやるか考えるぐらいでもよい。最初は仕事とか特にやることがなくても、都市と田舎の環境の落差は大きいので、行って滞在するだけで十分刺激になるからである。あとは、行き来する負荷をいかに下げて自由に往復できるようにするか、である。

繰り返しになるが、経済競争が激しく行われている世界から脱出できる場所を持つこと。これがフルサトをつくることの主眼である。いろいろあるけど、朝起きて運動がてら野山仕事して、温泉に入って夜は焚き火する、という生活を送れる環境を確保しておけば、経済競争世界でうまくいかなくなっても平気だ。せいぜい「今度の新しいゲームがうまくいかねえな」レベルで捉えられる。

この余裕が大事である。

第3章

「つながり」をつくる

pha

暮らすのにちょうどいい土地が見つかり、住む家も確保して、食べていく収入のあてもなんとかなったとする。しかしそれだけでは人は生きていけない。「人の間にあって人間」とかいうとベタだけど、やっぱり人間が生きるには他の人とのつながりが必要だ。この章では、フルサトをつくるにあたって必要となる「人とのつながり」について書いてみようと思う。

「つながり」をつくる

「都会に疲れた」とか「田舎暮らしをしてみたい」と思っても、全く何の縁もゆかりもない、知り合いも友人も全く居ない土地に一人で（もしくは自分の家族だけで）飛び込んでいくのは結構しんどいものだ。全く人間関係がゼロの状態から地元の人のコミュニティに溶けこんでいくのはかなりの労力を要する。田舎暮らしに興味があってもその点がハードルになってためらってしまう人も多いんじゃないだろうか。

僕が熊野に家を持ってみようと思った理由は、この土地の自然でも歴史でも文化でも地理的条件でもなく、この場所の人やコミュニティに惹かれたからだった。最初に東京から来たときは「さすがにこんなに遠いところにしょっちゅう来るのはキツいわ……」って思ってたんだけど、なんだかんだで熊野に住んでる人たちと仲良くなった熊野の若者コミュニティがいろいろ面白いことをやってるのを見たりしてると、「僕もそのへんの動きになんか一枚嚙みたいなー」って気持ちが盛り上がってきて、結局年に何度も東京から通っている。「人」という要素がなかったら、多分数年に一回も来てなかっただろう。「ここだったら住んだり滞在したりしても孤独にならずにいい感じで人と関わりながら過ごせそうだ」という良い雰囲気があったから、ついつい何度も来てしまうようになってしまった。つまり、フルサトのような場所をつくるにあたっては「どんな土地か」「どこにあるか」というよりも「どんな人たちが住んでいるか」「どんなコミュニティがあるか」のほうが大事なのだと思う。

僕が熊野で会う人たちを大雑把に分けると次の3種類になる。

（1）ずっと住んでる地元の人
（2）他から移住してきた人
（3）ときどき遊びに来る人

田舎で居心地よく暮らすには、この（1）（2）（3）の三つのバランスがうまく取れていることが必要だと僕は考えている。

（1）の「ずっと住んでる地元の人」について。まず最低限の条件として、地元の人たちとうまく付き合っていくのは重要だ。地域によって「どんな雰囲気の地元コミュニティがあるか」とか「よそからやって来た人に対してオープンかどうか」という点には差があるので、比較的よその人が入りやすい雰囲気があるところを選ぶのが大事だろう。

その上で、「周りはずっと地元に住んでいる人しかいなくて自分だけがよそから来た移住者」という状況はちょっとキツいという問題がある。やっぱり自分だけがよそ者だというアウェイ感は感じるし、田舎の過疎化が進んでいる地域だと高齢化も進んでいて、地元の住人は60代、70代、80代のお年寄りばかりだったりするから、20代、30代、40代の人間が入っていっても世代的に同じくらいの人間が全くいなかったりする。地元の人たちがみんな親切でいい人だったとしても、やっぱり同世代の人のほうが話も合いやすいしリラックスして話しやすいというのはあるし、ずっと同じ土地に住んでいる人とよそから来た人との間ではどうしても価値観のずれは出てくる。だから、（1）の「ずっと住んでる地元の人」だけではなくて（2）の「他から移住してきた人」や（3）の「ときどき遊びに来る人」がいることが重要になってくる。

移住者コミュニティがあると楽

（2）の「他から移住してきた人」について。ポイントは「都会の雰囲気や他の地域の雰囲気を知っているか」ということなので、「一旦他の地域に出て行ったけどまた戻ってきた地元の人」もここに含めて考えたい。

よその人がある地域に入っていくにあたって、そこに他から移住してきた人たちによる移住者コミュニティがあるかどうかでかなりその土地に馴染む難易度は変わってくる。僕が熊野に通うようになったのも、たまたま伊藤くんを通してこの土地の移住者コミュニティと繋がりを持てたからだった。

伊藤くんから「熊野という場所に若者がたくさん集まって面白いことしとるんですよ！」というアツい話を聞いて興味を持ったのが2012年の9月頃だったんだけど、その2カ月後くらいに熊野在住で伊藤くんの大学の後輩でもある並河哲次くんから

「就職活動について考えるイベントを京都で開くのだけどゲストで出てもらえませんか」というオファーがあった。並河くんは大学卒業後、就職せずに熊野に移住して農業をやったり家庭教師をしたりポン菓子屋さんをやったりしていたんだけど、その数年後に20代にして市議会議員に立候補して当選してしまったという大変バイタリティのある青年だ。

京都の就活イベントで並河くんに初めて会ったあと、「ついでだから熊野を見に来ませんか?」と誘われて、僕も暇で予定がなかったので「行きます」と即答し、友人二人と一緒に並河くんの車に乗せられて5時間かけて京都から熊野まで連行されたのがすべての始まりだった。

そのとき宿泊や食事のお世話になったのが、廃校になった小学校の校舎を利用してカフェや農業やパン焼きワークショップなどの活動をしている共育学舎というNPOで、この共育学舎が熊野で現在起こっているいろんな面白い活動の源流だった。

共育学舎の主宰の三枝孝之さんは60歳代半ばなんだけど、40歳から50歳くらいまで10年くらい本人曰く「寝太郎のような生活」をしたあとに、熊野に移住してきてこの共育学舎を始めたそうだ。そのときから共育学舎は若者たちを住まわせたりいろんなイベントをしたりする拠点となっていて、そこに集まってきたのが伊藤くんや、並河くんや、現在、旧九重小学校という別の廃校校舎を活用してカフェや本屋を作っている柴田哲弥くんだった。

共育学舎をきっかけに移住してきた若者がこの地域にはたくさん住んでいる。みんなそれぞれ農業の手伝いをしたり大工をやったりキャンプ場の手伝いをしたり、グラフィックデザイナーをやったりNPOをやったり市議会議員をやったり猟師に弟子入りしたりと、地域に密着して活動していて、そこには数十人くらいのゆるい若者のコミュニティが形成されている。最近は「地域おこし協力隊」という国の制度で採用されて、この地域で新しいナリワイをつくろうとしている人たちもそこに加わってさらに幅が広がりつつある。

一旦人が集まっていい雰囲気が生まれるとそのコミュニティ自体が人を呼ぶもので、年々少しずつ若者の移住者は増えているようだ。ここではまず最初に共育学舎が若者を集めて、その集まった若者がまた別の若者を集めてくるというサイクルが作られているわけで、伊藤くんはその第1段階で、僕はその第2段階で集まった人間ということになる。

こういうのは一番最初に移住した人（ここでは共育学舎の三枝さん）が一番大変だっ

ただろうと思う。最初は地元の人もそういうのに慣れていなくてなかなか理解してもらえないし、一緒に活動する仲間もあまりいない。

僕がやって来たときには既にこの地域では10年以上にわたってよそから来た若者たちが集まったり、いろんなことをやっているという下地が作られていたので、わりとすんなりとそこに馴染むことができた。三枝さんや柴田くんや並河くんの活動はもう地元では有名なので、僕が地元の人と話すときも「ああ、○○くんの友達ね」みたいな感じですぐに分かってもらいやすい。

あと、同年代くらいの人間がたくさんいるのはやっぱり心強いし楽だ。若者が多いとみんないろいろと新しいことをするから、カフェを作ろうとか図書館を作ろうとかレストランを作ろうとか常にいろんな動きがあって、あまり退屈しない。

移住者のコミュニティがある程度できあがって活発に活動していれば、その楽しそうな雰囲気を核として自然とその周りに移住者は増えていく。今の熊野ではそうした良い循環が起きていると思う。

ということで、新しくフルサトをつくる場所としては、「良い雰囲気の移住者コミュニティや若者コミュニティが既にある場所」が比較的楽なのでおすすめしたい。

ときどき来る人のネットワーク

次に(3)の「ときどき遊びに来る人」について。ここでは一回きりやって来るだけの「旅行者」ではなく、ある程度継続的にやって来て、地元に住んでいる人とある程度の交流を持ち続けているような人を指す。

やって来る頻度は「週末ごと」だったり「一年に数回」だったり「数年に一回」だったりいろいろだけど、熊野地域には都会などの他の地域からやって来る人たちが多くて、それが風通しの良い雰囲気を生み出している。

共育学舎や旧九重小学校などの拠点には、廃校の改修だとか、水害からの復興作業だとか、田植えだとかを手伝ってくれるボランティアの人たちなどがしばしばやって来ている。地元で開催されるワークショップを受ける人が泊まったり、交流のあるNPOの合宿が行われたりもしていて、いろんな人たちが頻繁に都会からやってきて滞在している。

僕や伊藤くんも現在はこの「ときどき遊びに来る人」だ。僕たちは2カ月に一度くらいやってきては、一回あたり10〜20日くらい自分たちで借りた家に滞在している。大体いつも「床張り合宿」とか「焚き火合宿」みたいなイベントを設定して、僕と伊藤くんがそれぞれの知り合いを誘って、全部で10〜20人くらいの人数で寝泊まりしている。昼は床張りなどをやって（僕は働き者じゃないのでやったりやらなかったりだけど）、夜はたくさんある近所の温泉のどれかに行って、帰ってきたら家の前の道路で焚き火を囲んでビールを飲んだりして、大部屋でみんなで布団を敷いて寝るという感じの毎日だ。学生時代の林間学校だとかクラブやサークルの合宿みたいな雰囲気に近いと思う。

僕はいつも口癖のように「だるい」とか「働きたくない」とか言ってるんだけど、熊野でみんなで床張りをやったりするのはそんなに苦ではない。まあお金をもらってやってるわけじゃないから、いつでも好きにサボれるというのが大きいけど。疲れたらいつでもやめていいって状況だと床板とか壁板を釘で打ち付けていく作業とかもわりと楽しんでやれる。

あと、みんなで一緒に作業をすると自然に仲良くなるというのもいいと思う。たとえば合コンとかでいきなり知らない人と対面させられて「ハイ、仲良くしてください！」とか言われても何喋ったらいいかわかんないし、僕はそういうのはすごく苦手なんだけど、田舎でゆるい感じでなんか一緒に床張りとかの作業をして、一緒に風呂に行ってごはんを作って食べて同じ部屋で眠るというのを数日やっていると、自然に親近感が生まれて打ち解けていきやすいというのは感じる。

そんな風に合宿などで何回も頻繁に来ていると、熊野に住んでる人たちとも仲良くなるし他の地域からよく来る人たちとも仲良くなる。そうすると「あのへんの人たちに会いたいからまた熊野に行こうかなー」という気分になったりする。数カ月ごとに熊野に行って、普段は離れた場所に住んでいる顔なじみの人たちに会って「最近何してんの？」「なんか変化あった？」とか話したり、一緒に温泉で巨大な露天風呂に入ったり、地元の猟師の人におすそわけしてもらった鹿肉を焼いて食べたりしながら、それぞれの人が住んでる別の土地の話を聞いたりするのは楽しい。

僕らがやっていることを昔からあった習慣に例えると「都会に出ていった人たちが盆と正月に田舎の実家に集合してコミュニケーションをする」というのと似ているかもしれない。普段会わない人たちと普段と違う場所で定期的に会うのは良いものだ。お互い東京に住んでるのに熊野でしか会ったことがない人なんかも結構いて、ちょっと変な感じもするけれど、なんかそういうのがいいんだと思う。「多分この人と東京で会ってたとしたらこんな風に親しく話してなかっただろうな」と思うと不思議な感じがする。それがフルサトの力なのかもしれない。

コミュニティについて歴史的なことを振り返ってみたい。かつての日本では家長を中心とした「家（イエ）」という制度の力が強かった。それがだんだんと近代化して都会に人が集まったり産業や雇用形態が変化したりすることによって、「家」という制度は少しずつ弱くなってきて、代わりに「家族」という「家」よりも少し小さい単位も重視されるようになってきた。「家」が親子関係を軸とするのに対して「家族」は夫婦関係を軸とする。さらに最近では「家族」よりもさらに自由度が高い、「個人によるゆるいつながり」のような試みも少しずつ増えてきている。若者たちがルームシェアをして共同生活をするなんてのもその一環だし、「フルサトをつくる」も「個人によるゆるいつながり」の模索という流れにあるものだと考えている。

ただしそれは、「ゆるいつながり」があれば「家」や「家族」が要らないということではない。「ゆるいつながり」は自由度が高い代わりにつながりとしては弱いところがあるし、いざというときには「家」や「家族」のほうが頼れる度合いは高いだろう。それはそれぞれメリットとデメリットがあるものなので、うまく組み合わせればよいのだ。少しずつ弱くなってきている「家」や「家族」という概念でカバーできなくなってきているところをカバーするのが「個人によるゆるいつながり」だと考えている。

昔はつながりを求めるとしたら「家」や「家族」（もしくは「村（ムラ）」や「会社」）を頼るしかなかったけれど、今は家族・親戚・故郷・会社・学生時代の友人・趣味やサークルの仲間・NPOやボランティアの仲間・ネット上の仲間・シェアハウスなどたくさんの選択肢の中から、自分でいろんなつながり方を組み合わせて設計することができる時代になったのだ。複数のコミュニティの選択肢を持っているということは自由度が高いということだし、どれかがだめになったときに他を頼れるというリスクヘッジができるメリットもある。そういう意味では今は昔よりも生き方の自由度が上がった良い時代なのだと思う。親族や家族でなくてもゆるく集まれる場所が社会の中にいくつかあるというのは良いことだと思うし、「フルサトをつくる」というこの本では、そんな感じの「ときどき帰れる故郷を自分たちで新しくつくる」というのを目指していきたいと思っている。

ゆるい流動性をつくる

地域で活動する人間の構成として理想的なのは、「ずっと住んでる地元の人」だけがいるんじゃなくて、「他から移住してきた人」も一定数いて、その外側には「ときどき遊びに来る人」のネットワークがゆるく広がっている、という感じだと思う。

今ならインターネットを使えば遠く離れていても、毎日のようにリアルタイムでいろんな話題を共有したり、どうでもいい日常的な雑談をしたりすることができるようになった。昔は遠くの人との繋がりを維持するためには紙という物理的デバイスを使って郵便でこまめに年賀状とか暑中見舞いを出したりしていたけど、そういった遠距離コミュニケーションの面では今はすごく便利で簡単な時代になった。そして通信手段や移動手段の発達によってコミュニティが地理的条件に依存する度合いは昔に比べてかなり減った。昔は村の人以外と交流を持つのは物理的にかなり大変だったから一つの村の中でまとまらないといけなかったけど、今は昔よりも地理的条件に縛られなくなっている。地域にまたがってゆるく広がるネットワークは現在とても作りやすくなっている。

都会と田舎を比べた場合によく言われることに「田舎は人間関係が濃密でプライバシーがないけど、都会では人が多いので匿名的でいることができる」というのがある。それは確かに事実だし、そもそも人口密度が根本的な原因なのでどうしようもない点ではある。

でも、その土地に「ずっと地元に住んでる人」だけしか存在しないのではなく、「他から移住してきた人」や「ときどき遊びに来る人」もたくさんいて、頻繁にインターネットでコミュニケーションしつつ、人が遊びに来たり遊びに行ったり、引っ越してきたり引っ越していったりするような「ゆるい流動性」をうまく保てれば、田舎の人間関係が閉鎖的で息苦しいというデメリットは少しカバーできるんじゃないかと考えている。同じ人間だけでずっと過ごしているとどうしてもいろいろ溜まったりよどんだりしてくるものがあるので、「人がある程度循環している」というのが居心地の良い場所を作るときに大事な点だ。

日本の地方は過疎化や高齢化が進んで、ずっと地元に住んでる人だけでは回らなくなってしまいそうな地域が多い。だから今は「他から移住してきた人」や「ときどき遊びに来る人」をうまく取り入れた地域の作り方が必要なのだと思う。

まあ、かと言って「よく知らない人間が近くに引っ越してきたら不安だ」というのは人間にとって当たり前の心情ではあるし、誰でもかれでも受け入れればうまくいくというものでもない。そのあたりのオープンさ加減の調整が難しいところではあるのだけど、その点については後述する。

骨は埋めなくていい？

「田舎に家を借りた」と言うと、友達とか地域の人とかに「永住するの？」とよく聞かれる。もっとヘビーな質問としては、移住してきた人が地元の人や移住者の先輩とかに「この土地に骨を埋める覚悟はあるのか？」と聞かれたというような話もある。

今のところ僕は田舎に永住するつもりはない。別に都会に永住するつもりもなくて、まだまだいろんな場所に住んでみたいと思っている。都会は都会で楽しいし、田舎は田舎で面白いし、都会にも拠点を持ちつつ田舎にも拠点を持って、行ったり来たりして両方のいいとこ取りをしながら過ごせたら理想的だと考えている。

でもそれは「都会に住んでる人がたまに田舎に遊びに行くだけ」というのともちょっと違う。「田舎の別荘に年に一回か二回遊びに行く」というような人よりは、もうちょっと深く田舎に関わりたい。「都会に住むか田舎に住むか」「0か1か」という選択をするのではなくて、30～40％くらい田舎に関わるのが個人的にはちょうどいいかなと思っている。それは現時点での気分なので、将来それが50～70％くらいになったり、10～20％くらいになったりするかもしれないが、先のことはまだよく分からないので何とも言えない。

都会か田舎か、0か1かという発想で考える必要はないし、将来何十年にもわたって計画を立てる必要もないと思うのだ。「田舎に完全に定住する（そして骨を埋める）」しか田舎に関わる道がないとなるとそれはあまりにもハードルが高すぎて、なかなかみんな来なくなってしまう（そして過疎化する）。どんな世界でも新規ユーザーに厳しいジャンルは衰退する。そうではなくて、もっとゆるやかにその地域に来たいという人を受け入れて、少しずつ人のネットワークを広げていくこと。それが人の少ない地域をうまく回していくコツだと思う。

ちなみに伊藤くんは「骨を埋める覚悟はあるか？」と聞かれたら「まだ修行不足で

骨になる覚悟ができてませんので……」と答えることにしているらしい。僕も聞かれることがあったらその返答を使おうと思う。まあそうだよね。そんな数十年先のことなんてどうなってるか分からないし、骨を埋める場所なんて死ぬちょっと前に決めればいい。人生なんてこれから何が起こるかわからない。

たとえその地域にずっと住むことになったとしても、「最初から何十年も住もう」って決めて住む必要はなくて、「ちょっと住んでみるか」って思って住み始めたら意外と居心地がよくて何十年もいちゃった、くらいの流れでいいんじゃないだろうか。あまり先のことを決めすぎるのは不自然だと思うし、誰かが何十年もずっと継続しているようなことだって、結局は短期的な予定の積み重ねだったり偶然の成り行きだったり単なる惰性だったりすることが多い。誰かがどこかで言ってた言葉だけど「just temporary」という言い回しが好きだ。「ちょっと、とりあえず」みたいな感じ。人生なんて結局「ちょっと、とりあえず」の積み重ねに過ぎないんじゃないだろうか。

昔に比べて今という時代は、「都会か田舎か」とか「家族か友達か」とかそうしたものの境界が少し曖昧になってきているし、「一つの会社にずっと勤める」とか「一つの土地にずっと住む」とかいった固定した人生プランも揺らいできているんだと思う。今はいろんなことが流動的になって分散していく時代なのだとしたら、そんな時代にはあまり生き方を固めすぎず、いざとなったら気軽に別の場所に行けるようなゆるいネットワークを広げておくのがリスクヘッジとしても良いのだと思う。

オープンとクローズドのあいだ

しかし「いろんな人を受け入れて風通しをよくしよう」と言っても、「何でもかんでも外部の人にオープンに開かれているのがよいのか?」というとそうでもなくて、やはり知っている人間ばかりのほうが安心感があって居心地がいいというのもある。ハードルをただ下げればいいというものではないし、その「どこまで開くか」というバランスを取るのがコミュニティを回していく上で一番難しいポイントだ。

全く新しい人間が入ってこないコミュニティは雰囲気がよどんで、だんだんメンバーも減っていって、そのうち消滅してしまう。けれど、よく知らない新規参入者が入れかわり立ちかわりやって来るという場所も、あまり落ち着かないし、運営者も疲れてしまう。

田舎の例で言うと、地元の人たちとその親族だけで構成されているコミュニティは、繋がりはしっかりしているし安心感はある。何か困ったときにも助けてもらったりしやすい。でもその代わりにちょっと関係が密すぎて息苦しかったりもするし、外部の人がそこに新しく入っていくのも難しい。田舎にある実家や義実家にたまに里帰りすると、自然環境はいいんだけど、親や義理の家族にいろいろ気を遣わざるをえなくてあまりのんびりくつろげない、というのはよくある話だ。

それと対照的な例としては、田舎で都会の人に向けた店か何かをやったとする。ゲストハウスでもキャンプ場でも自然巡りツアーでも何でもいい。週末ごとに都会からたくさんの人がやって来て賑わっている。そうすると閉塞感はあまりないし、いろんな人との繋がりもできていく。でもやってくる人のほとんどが「一回だけしかやって来ないお客さん」だったとしたら、その人間関係に落ち着きとか安心感とか、困ったときに頼れるというような関係はあまり生まれない。

「フルサトをつくる」ではその中間くらいを目指したい。ある程度オープンで人の流動性もあるけど、そこに帰れば知っている仲間がいつもいて安心感を感じられるような場所。困ったときに数百万円の借金を立て替えてもらったりするほど密な関係ではないけど、疲れたときにちょっと数週間くらい都会を離れて避難させてもらえるくらいの親密さはあるような距離感。

都会と田舎の、親族と知り合いの、オープンとクローズドの、両方のいいところをうまく組み合わせるような、そういう場所を作れたらいいなと思う。

「人を集める」と「人を集めない」の使い分け

熊野で僕らがやっている家でコミュニティのオープンさのバランスをどう取っているのかを書いてみようと思う。要は、「人が集まる要素」と「人が集まりにくくなる要素」、その二つをうまく使い分けるのが大事なのだと考えている。

まず、インターネットで「参加者募集！　どなたでもどうぞ！」とか大々的に告知するような、不特定多数から参加者を募集するようなことはあまりしていない。基本的にはphaと伊藤が、それぞれの知人や友人を直接誘って集めているという感じだ。

ネットで募集をすればたくさん人は集まるだろうけれど、人数を絞ったほうがみんな仲良くなりやすいし、主催者としてもずっと大量の初対面の人に対応し続けるのは結構大変だったりする。幸いに僕も伊藤くんも知り合いが多いほうなので今のところ直接の知人だけを誘うやり方でそこそこ十分に人が集まっている。

熊野に集まる人たちの間のやり取りはフェイスブックを主に使っている。全世界に公開されて誰でも見られるブログではなくて、情報の公開範囲を「知り合いだけ」とか「イベントの参加者だけ」などに限定できるSNSを使うのがポイントだ。人が既に十分集まっているなら情報を完全公開にすることにあまりメリットがないし、ある程度閉じた空間のほうがみんなリラックスしてコミュニケーションできる。

普段都会に住んでいる人たちは何かきっかけがないとなかなか熊野には来にくいから、2〜3カ月に一度くらい何かイベントを企画するようにしている。たとえば「床張りをみんなでやって家の作り方を覚えよう」とか「現地の中高生に勉強を教えたりしつつ山や川で遊んだりしよう」とか「みんな自分のやりたい仕事を持ち寄ってもくもくと作業したあとに温泉に入る合宿をしよう」とかそんな感じだ。ワクワクするようなイベントを企画できれば多少行きにくい場所でも人は集まる。

熊野という地理的条件は人を制限する条件になっているのも確かだ。何より遠い。

東京から車で行くと高速を飛ばしても11時間くらいかかるし、大阪や名古屋からも車で4〜5時間かかる。ただ、そういう来にくい場所だからこそ「本当にそこに興味のある人だけが集まる」「よく分かんない変な人が来にくい」というフィルターとして機能している面もある。

あとは動物を飼うと人が集まりやすくなるかなというのも考えている。たとえばヤギを飼うとか。イヌとかネコと違ってヤギとかは田舎でないと飼えないし、動物がいると「あの子元気かなー、あの子に会いに行こー」みたいな感じで繰り返し訪ねてくるモチベーションが上がると思うんだよね。ヤギがいれば「乳でチーズ作ろう」とか「除草要員として近所に貸し出したりしよう」とかいろんな発想も広がっていくし。

以上、ざっと「人が集まる要素」と「人が集まりにくくなる要素」について書いてみた。重要なのは状況に応じてその二つを使い分けることだ。人が少ないときは「人が集まる要素」をうまく使い、人が集まりすぎだと感じた場合は「人が集まりにくくなる要素」を使うとよい。

一番コントロールしやすいのは「イベントの開催」だ。まず最初は「完全にオープンで誰でも参加できるイベント」をときどき開催して、インターネットや広告などで告知して人を集めて、そこに集まった人の中から気が合いそうな人と直接仲良くなって、その人たちと若干クローズドな濃いコミュニティを作る。そんな感じで「完全にオープンなイベント」と「ある程度気心の知れた人たちだけのイベント」を適度なバランスで繰り返していくことで、風通しの良さと安心感の両立ができる。

ただ、「イベント参加者の中からある程度気の合う人と仲良くなってゆるいコミュニティを作る」ということをするには、そういうことに気が回る主催者の存在が必要で、さらに主催者と参加者が個人的に友好関係を作るということをしなければいけない。だから主催者の人間力みたいなものがある程度必要ではある。そのへんは役所主催の地域起こしなどでは弱い場合が多いかもしれない。

ちなみに最初に熊野でいろいろやり始めた共育学舎の三枝さんが熊野に若者を集めるためにとった手法は「田舎暮らしをテーマにした学生論文コンテストを賞金付きで開催する」というものだったらしい。優勝賞金10万円で全国から論文を募集して、その表彰式と交流会を熊野で行って応募者たちの交流を深めるといったものだ。現在熊野でいろんな活動をしている伊藤くんや並河くんや柴田くんといった若者たちは、ももともとはこの学生論文コンテストに応募して入賞したあとに熊野に来るようになった人たちだったという経緯がある。賞金10万円のコンテストを開くのはそんなに大きな予算がかかるものじゃないし、その結果として、その5年後や10年後も熊野に定着して活動する若者たちを集めたということを考えると、かなりコストパフォーマンスの高い方法だったと思う。三枝さんの企画力、恐るべしだ。

とりあえず「一回でいいから遊びに来てくれる人」を増やすこと。その人たちの中から「何回も遊びに来てくれるリピーター」を作ること。そして「何回も遊びに来てくれるリピーター」が増えれば、その人たちの中から何パーセントかは「その土地に移住してくる人」も出てくる。そして移住者がある程度集まっていい雰囲気のコミュニティができれば、そこを軸にしてさらに新たな移住者も増えやすいし、移住者の知り合いなどで遊びに来てくれる人も増える。人の少ない地域をなんとか回していくには、そんなサイクルを地道に進めていくしかないのだと思う。

第4章

「仕事」をつくる

――「頼みごと」をつくる

伊藤洋志

フルサトは完全移住ではないが、別荘でもないし、よく行く旅行先でもない。違いは何か。それは住んで生活を送ることである。その一部として仕事をつくる。仕事はその土地の人との関係性をつくる媒介になりえるし、地域に無理のない形で参加できる手段でもあるし、温泉代や移動の交通費をつくるためでもある。何も共通項なしで会話して人と仲良くなるのは困難だが、仕事を通してだと話がしやすい。「これ、私がとった梅なんですよ」とか、「床張ったりもしてます」とかがあると、話のきっかけになりやすい。もちろん仲良くなれるといっても、生きてきた環境が違うことが多いだろうから、全面的に理解し合うことまでは求めないほうが健康的だろう。

フルサトでの「仕事」になる要素

どんなことが仕事になるのか。たとえば、かなり自給的な生活を送っていても街にたまに買い物に出かける必要がある。特にお年寄りになると車が運転できなくて集落になかば閉じ込められている人もいる、それじゃあと、ついでに自分が街に出るときに一緒に乗せていく。タクシーになると第二種免許がいるので、野菜とかと物々交換でやるのでもよい。もう少し本格的になると、バスを借りて買い物ツアーをやっている人もいるらしい。たまには外に出て買い物したい、というのはたとえば音楽の趣味とかが合わなくても共有できる事柄で、他者との媒介になりうる。呉越同舟《ごえつどうしゅう》という故事成語があるぐらいだ。仕事などを通して共通の目的を持つことは、価値観を乗り越える可能性がある。仕事をつくるとは、この敵同士が同じ舟に乗るという「呉越同舟」での「舟」をつくることにあたる。つまり、具体的にどちらも得することを見い出すことが、仕事をつくることである。価値観の共有を全ての人に求めるのは21世紀のこの時代には不可能である。それを無理やりやろうとするといざこざが生まれて、人数が少ない田舎であれば、とたんに住みにくいものになってしまうだろう。「村おこし」などを無理やり全体の意思統一のもとにやろうとすると大変である。全員一丸となって、というのはそもそも不自然なのでやめたほうがいい。むしろ分かり合えない人同士でどう共存していくか、というのが現代のテーマだろうと思う。だから一人でできることからはじめて少しずつ広げていったほうが健全だ。それに、政治的に古い表現で言えば、「極右」も「極左」も一緒に将棋を指すことはできる。だから将棋みたいな遊びは大事だ。価値観の違いを乗り越えるものはこういう「媒介としての趣味」である。江戸時代には俳句サークルが盛んで、俳句の集まりを通じて仕事先を見つけたりもできるようになっていたらしい。へんな売り込みを図るよりずっと楽でいい。

仕事といっても難しく考えすぎないでもいいと思う。先程述べたような街に買い物に行きたいけど行けないお年寄りを車に乗せてあげるとか、それが難しければ移動販売もよいと思う。もっとシンプルに、草刈りをするとかでもよい。元手をかけず生活の中から生み出せるものはたくさんある。それがたとえ高収益モデルでなくても十分だ。つまらない支出が発生しない暮らし方とセットで生活を組み立てれば余裕をもって暮らしていける。フルサトは競争経済で戦闘するための場所ではなく、どうなっても文化的な生活の基礎を確保する場所であることが大事だ。その上で、「これを広げたら自分の他に何人も生きていけそうや」という仕事があればチャレンジして広げていくぐらいの感覚がよいと思う。特定の渋い分野で圧倒的に支持されるアプリとかネットサービスなら、フルサトは地道に開発に取り組んだりするのは向いているかもしれない。全人類が使う、みたいな大規模なサービスはやはり都市のほうが開発者の人手も確保しやすいし情報も早いので都市を拠点にやるほうがいいと思う。使い分けを考えていきたいところだ。

ともかく大事なのは、フルサトで仕事をつくるのは都市と違ってマネーを最優先させなくても良いということである。仕事は第一には面白いからであり、さらに他者との関係性をつくるためであり、そのついでに生活の糧を得るという順番である。ナンバーガールというバンドが2002年ごろ「売れる、売れない、二の次で、かっこよろしい唄つくり〜聞いてもらえば万々歳」ということをライブで語っていたが、三番目ぐらいにマネーの順位を落とす、これがフルサトにおける仕事ではとりわけ大事である。その姿勢が、人類史に小石をのっけるような意気込みで仕事をしたい場合の挑戦心の源泉にもなるのではないだろうか。もちろん、二の次にしていても収益があがるぐらいのことがあってもいい。

しかし、油断すると稼ぐことが1位にあがってきて、生活より仕事のほうが人生の時間を占めてきて「なんか忙しい」という状況に追い込まれる危険性もないわけではない。稼ごうと思って週5日開店のお店とかをフルサトでやらないほうがいい。月の後半無休で前半全休とかそういうペースでやれたら最高である。誰かとコンビを組んで半々で年中無休営業ぐらいの方が、仕事の仕方としてはちょうどいい。遊びになるぐらいの感覚で働くほうが集中力が出て質があがるだろうし、無理して働いているよりも人の能力が発揮されると思う。なにしろ個人のやるべき仕事は工夫と細やかさが勝負なので、やっている人の精神の余裕が鍵になってくる。都市にいるように他者を駆逐するやりかたで勝負しても仕方がないし、どうせ営業力勝負のバトル系の仕事をやるなら経済競争のメインスタジアムである都市部でやったほうがやりがいがある。

お金が要らないというわけではなく、優先順位3位以下なので、儲かったら儲かったでラッキー、儲からなくても全然オッケーな体制を整備していくことがフルサトでの仕事の秘訣だ。そのためには、飲食業なら自分が毎日食べられるものをつくり、原料は自分で過労にならない方法で自給する。完ぺき主義でやるとしんどいので、メニューはその日取れた食材に合わせるとよい。メニューを固定すると、自給分が不足したときに食材を仕入れないといけなくなり、原価が上がって、最低売上目標も上がる。すると売上の最大化のために、広告宣伝に過剰に時間とお金を割くことになる。広告費により支出が増えるので、またさらに売上をあげていかないと成立しない。あれ？なんか忙しくなってきたぞ？というループにはまってしまう。

もちろん、ガソリン代とか車代とか温泉代や刺身代、あとは社会保障費用は稼がないとかんので、どれぐらいが最低ラインかをはっきりと認識しておくことが大事だ。そのうえで、最低値を超えるようにすればOKだし、超えない場合は暇ができるので自給度を高める。この攻撃（収入を増やす）と防御（支出を減らす）が同時にできればかなり丈夫な家計モデルになる。現代人は攻撃しかないから、ちょっとしたことで家計が揺らぐ。だから不安になってリスクヘッジコスト（保険とか安定した勤め先を辞められない病）が増えてしまう。ノーガード戦法の矢吹丈にはそうはなれない、ということを自覚する必要がある。子育てするならこれに加えて教育費を稼ぐことが必要になるが、時間があれば自分で教育の場をつくってもよい。

フルサトにおける仕事のつくり方としては、足りないものをつくっていくという感覚でいいだろう。近くにカンパーニュなどのハード系のパン屋がないので、つくろう、とか。たまにはバーとかにも行きたい、となれば週2日営業でもいいからつくるかとか。もちろんお酒の店は許可が必要だが、飲んだくれの常連が来たら大変なので、ツケは一切なしで、予約制や会員制にするぐらいでもいいかもしれない。本屋がなければ週2日営業でもよいからやれないか、とか。月1でよいから移動書店を呼べないか、とか。そこで大きな利益を出そうと思わなければいろいろな工夫のしどころがある。

二拠点居住では、お店をやるのは大変かもしれないので、突発的に出現する屋台とかでもいいかもしれない。

仕事をしてもらう側に回る「頼みごと」を考える、というのも大事なアクションである。逆に言うと、他人の仕事を考えて用意する、ということでもある。これは、仕事をつくるのと同様に、他者との関係性をつくる媒介になりうる。そして、これは実は仕事をつくるのに匹敵するほどの威力がある。

たとえば過疎地に昔から住んでいる人なら、地元の料理や農業を長らくされてきた方が多いので、それらを教えてもらうということをお願いするのもよい方法だ。仕事とは自分が提供するばかりではなく、頼みごとをつくる、ということでもある。それでお金は稼げないかもしれないが、教えてもらって技が身に付けば生活の質が上がる。ついでに支出が減るかもしれない。人が思いもしない「頼みごと」を発見したら、それは他人の使われていない隠れた能力を発掘し仕事をつくったことになるのだから、それ自体も自分の小さい仕事になる。スカウトかマネージャーみたいなものである。

家計と自給力について

家計の考え方についてもう少し詳しく考えてみたい。現代人は「で、年収いくら?」みたいな話に注目しがちだが、「で、あなたの自給力はどんぐらい?」と聞く人はいない。ここは今ノーマークである。特に、自給活動はマネーを稼ぐための活動よりも費用対効果がよいことが多く、狙い目の分野なのでいろいろ検証してみる価値がある。具体的には、年収が200万円でも自給力が300万円、つまり300万円の価値があることを自力で作り出せれば500万円の価値がある生活が送れる、という考え方である。

たとえば、家のフルリフォームを完全外注すると300万円ぐらいが消える。年収200万円の人と、倍の年収400万円の人を比較してみよう。年収400万円あっても、リフォームが自給できない人の場合は300万円かかるとしたら、実質年収は100万円である。年収200万円の人が材料費50万円で自力でリフォームを済ませられたら、こちらは実質年収150万円。リフォームを自給できた後者のほうが年収が低いにもかかわらず、実質的には残るお金は50万円多く、さらにはリフォーム技術も向上するうえ、リフォーム施工精度を自分でコントロールすることもできる。外注した場合はよい仕上がりになるかどうかは発注した業者さん次第である。このように、どれだけサービスを自給できるかは、実質年収に大きな差となって出る。自給力をあげたほうが楽だし、コントロールできる生活の範囲が広がる、というのが私の意見である。もちろん、自給を捨てて年収を上げていくというのも一つの判断であり、どちらでもよい。これは「お金がなくても幸せ」、「お金があればなんでもできる」という二項対立の単純な話ではない。おそらく完全自給を目指すと自給活動にかかる時間が増大して逆に忙しくてしんどくなる。いい仕上がりが期待できる腕のいい大工さんがいるなら頼むのも選択肢に入る。ただ、現代社会の問題はお金を使ったらそれで終わりということではなくて、いい仕事をする大工さんを探して腕前を見極めるのは意外に難しい。結局少しでも自分でやった経験がないと業者さんの見積もりが適正かどうかも見極められない。いずれにしても、個々人が自給活動のちょうどいい塩梅を見極めるということが重要だ。特に住宅の自給は楽しい。他人に独占させるのは惜しい。少しでも自分も参加したい。

現実的に、住食衣や教育などもカバーして自給力が年間200万円ぐらいあるとなかなか優雅であろう。これなら年収に変動があって年収100万円とかになる年があってもびくともしない。自分の生活に直結する技術を身につけるのは家計経営においてコントロールできる部分が広がるし効果が大きい、ということだ。

この考えができれば、仕事の選択肢はぐっと広がる。旧式のビジネスだと、売上が大きいほどスケールメリットが活かせる、利益は大きければ大きいほどよいという基本原則がある。つまり大規模なビジネスほど製品の質とコストが下がるし、利益増大を目指すので、大規模化に向かう、という現象である。フルサトでのナリワイは、こういう設備投資や労働集約的なゲームルールからいかに外れたことをやるかが肝心である。そういう意味では自給の延長にある仕事は向いている。自分のためでもあるから自ずと質が上がる。フルサトは生存条件のハードルを極限まで下げることが主眼なので、まず自給力の向上を前提とした仕事の仕組みについて考えてみよう。自給の延長での仕事と、最初から外貨獲得意識による仕事ではそもそもルールが違うのであまり理解されていない分野だと思う。

分かりやすいのでパン屋さんを例にして考えたい。

まだまだ日本になじみがないドイツ系ハードパンを作っているパン屋が仮にあると

する。売上が1日1万円程度で多くはないが、薪も小麦も酵母も自給しているパン屋である。自給しているので原価はだいたい1割。自給のための農業もするので週3日営業でいこう。仕込みが半日、営業日が3日。残り3日と半日は別のことができる。月に12日営業して、だいたい12万円ぐらいだろうか。ハード系のパンは水と小麦、塩、酵母だけなので毎日食べられる。そして腐りにくい。仮に売れ残っても自分も食べるから在庫リスクがない。手間はかかっているが、週5日の労働というよりたまにやる自分の生活のためなので、人件コストはある程度家事に含まれる。家族のために焼くのを多めにつくっているわけである。ここでは在庫リスクをカットし、原価をかけず質をあげる（自分も食べるからできる）、時間の余裕を生み出す（毎日やると大変だし来客の変動が読めない）と、少なくとも三つのリスクヘッジを行っている。ドイツ系ハードパンはまだ日本ではマニアックなパンなので、売上の上限があり、大量に売るための規模の拡大には向かない。だが、これがいいのである。この仕事には大きなおまけがついてきて、質の良いパンの食事を自給できる、という3〜4万円ぐらいの価値の自給力がついてくる。せいぜい最大値で12万円ぐらいの仕事にしかならないが、生活における価値としては16万円ぐらいである。しかも、月の半分しか時間を使っていない。見た目の売上は一桁と少しだが、悪くない仕事だ。

　ところが、パン屋専業でやっていくぞ！　みたいになると、バイトを雇わないといけないし、原料を仕入れたり、そこそこ人通りの多いテナントの家賃を考えると利益が少なくとも月に40〜50万円はほしい。ハード系のパンだけでは売上が足りないので、あんパンも、クロワッサンも、カレーパンもつくらないと規模を確保できないことが多い。大型のオーブンなどの設備投資をするならもっと売上が必要だろう。そうすると小麦を自給する暇はない。それでも窯焼きを目指すなら薪を買わないといけないし、原価率があがる。原価率が3割としたら毎月90〜120万円ぐらい売り上げないといけないだろう。そしてさらに売り切らなければもっと原価率があがる。ということで広告にコストをかけないといけなくなるかもしれない（ただし、ずば抜けた味であれば広告費はかなり減らせる）。広告でコケたら他が良くても厳しくなるなど、ハードルが増えて厳しくなっていく。経営はかけ算なので、広告だけがよくてもあまり美味しくなければダメだし、美味しくてもお店に人が来ないとダメだし全部の条件を揃えないといけない。しかも一番の問題は、カレーパンなどの揚げ物系のパンだと自分が毎日食べると体に悪いということだ。売れ残りを自分で食べつづけたら体を悪くする。自分の生活の質があがらない。このビジネス型のやり方だと、まずうまいパンを破綻しない原価で安定的に製造でき、宣伝がうまくいき集客が一定以上安定してつくれて、仕入れ量を無駄なく調節でき、年間を通して帳尻があったというケースだとそれなりの利益を生み出す。うまくいった場合は、一店舗の売上の上限もあるので支店を増やしていくという話になるだろう。はまればチェーン展開になる。成功率はそこまで高くはないが、ここを狙うのも選択肢の一つではある。しかしながら、そんなやり方をあてにせずもしカレーパンをつくるなら、注文を受けて揚げるぐらいのことができたら味も旨いだろうし、売れ残り廃棄もあまりでないからよいのではないかと思う。一度に大量のお客さんが来ると捌《さば》ききれないし、待たせるから規模拡大には向かない作戦かもしれないが、揚げたてはうまい。

本書でおすすめする自給を兼ねたナリワイ方式は、何重にもリスクヘッジがなされていると同時に生活の質を上げることも兼ねている。ビジネス式の場合はどちらかというと、経営成功の条件が全部揃わないと成立しないことが多い。味、広告、原価、運営、タイミングなど全部揃わないといけない。自分でコントロールできる項目もあるが、運次第というのもある。いずれにしても、どれか一つでも欠けるとうまくいかない。一次試験、二次試験、三次試験とどんどん難易度が上がる、科挙みたいな設定のゲームなのである。逆に難しいからこそ、必勝パターンを編み出した飲食店はコピー&ペーストでチェーン展開を仕掛けていくことが多い。飲食ビジネスは食材は仕入れることが前提なので、規模がでかくなると単純に仕入れ原価が下がって、さらに強化される。

どちらがよい、ということではなく、どちらが自分の生活に適しているか、ということを考えていく必要がある。それぞれにゲームの設定が違うので、自分がどちらのゲームをやっているのか、ということを自覚しておかないと、形としてはナリワイなのに、やっていることがビジネスルールに乗っていたりすると、かなりしんどいことになる。めっちゃ手間ひまかけたパンを売っているのだが、それを家賃が高い場所で専業でやろうとして、かつ小麦も薪も自給する、ということをやると、忙しくて眠れないということが発生するかもしれない。そういうのは避けたいところだ。また利益が増えるのは問題ないが、それが生活の質を低下させないか、というチェックは必要だろう。

経済は何かが交換されて循環すればよい

さきほどのパン屋の例では毎日食べても体に良い旨いパンを食べられる、というのが自給力に値するが、ほかにはどんなことが自給力の向上につながるだろうか。いきなり家を建てるとかだと自給としてはイメージしやすいが、ハードだ。もっと簡単なこともたくさんある。

熊野の家で使っている車は、元はといえば「要らない車をお譲りください!」と呼びかけていたらたまたま友人が廃車にしようとしていた車(車検直前)をもらい受けた。車も発売から10年以上経つと下取り価格は0円にしかならず、廃車にするのにもお金がかかる。それならあげてしまったほうが税金も車検代もかからないしよい、ということだ。収穫している青梅と交換で車をもらったのである。通常はこの間に中古業者が入るので10年前の車でも20〜40万円ぐらいはする。お金を介さないで「頼みごと」を交換することで、もらう側は0円で手に入り、あげる側は廃車代を負担しなくてもよい上に熊野の家の滞在権利を得ることができた。お互いに得をするわけである。

現代社会が何かとお金がかかるのは、サービスの交換に中間の人が増えすぎたのが一因だが、直接交換ができればだいぶ交換コストが下がる。インターネットは基本的にこの中間をなくすように発展していくので、全体の傾向としてはこのような中間のコストは省かれていくだろう。いかにして交換が発生するか、というのはツールの力もあるが文化の力もある。交換する雰囲気があるウェブサービス上では、「使わなくなったノートPCあげます」、「要らない布団あげます」と言ったら3分もかからずなくなったりする。

これらは、節約できるという意味もあるが、さらに大事なことは何か交換が起きるということである。そこに関係性が生まれて、次につながっていく。交換できた、という事実自体が気分がいいし、ゲームみたいで面白い。自分も何かあげられるものならあげたい、という感覚になっていくし、モノが滞らず循環するのは無駄が無くてよいことだ。

もしかしたら、交換するものは究極的には物質やサービスではなく挨拶だけでもよいのかもしれない。挨拶の交換で楽しくなれれば、無料で気分よくなれるのだからかなりの儲けもんだ。田舎が車社会になったことの影響の一つとして、挨拶や井戸端会議の減少があげられる。車社会の到来で会話が減った。私の仮説では、挨拶の交換が行われなくなったことは地域経済の緩やかな衰退につながっていると思う。金銭による経済の循環には直接は関係はないだろうが、それまで挨拶や井戸端会議で得られていた生活の満足感が下がれば、それは別の方法による解消が行われるだろう。街への買い物などの消費で満足感の減少を補っていれば地域外にお金は流出していく。

しかし一方では、昨今の挨拶は「あいつは挨拶ができない」と減点評価するために使われている。とてもつまらない現象だ。いい挨拶の交換ができたらラッキー、なくてもとくになにもなし、とゼロスタートぐらいにしておきたい。だから挨拶運動とかつまらん全体主義もダメだし、挨拶セミナーとか何でもかんでも商売のネタにしすぎるのもくだらない。

ここで考えたいのは「経済とはマネーの交換だけじゃない、とにかく何かが交換されればそれは経済が生まれたと言ってもよいのではないか」ということだ。交換が活発であれば他人同士がうまくやっていける状況ができている、これが大事だろうと思う。地域経済活性を「お金を落としてもらう」とか、そういう意識で捉えている人は、はっきり言ってズレている。「交換を活発化させる、それが経済の活性化」と定義しなおすと、いろいろやるべきことがはっきりする。ゴールを見誤ると努力が効果を生まない。そこが勝負どころである。しかし、ここでいきなり「これからは贈与経済だ」とか言い出すと極端すぎるし思考放棄だ。

他にもマネー以外の経済はある。たとえば、駄菓子屋は子供の社交場でもあったが、今や駄菓子屋など10円のお菓子をいくら売っても利益は多くはない。コインランドリーにしたりマンションにしてしまったほうが儲かるので、駄菓子屋は減る傾向にある。子供にとっての世界はますます塾や学校に集約された高密度な人間関係の中で完結しがちだ。いじめの背景にあるのははっきりしていて、教師のせいだけでもなく、親のせいだけでもない。子供の生活に学校が占める割合が過剰で、しかもそれが閉鎖空間であるという「環境問題」なのである。いじめによる経済効果など無意味な試算だが、確実に大きなマイナスになるのは間違いない。対症療法的にはお金を投じてカウンセラーを配備するなどして解決を図らなければならなくなるのだが、もっと手前で予防することを考えたほうがよい。駄菓子屋をやるとか、井戸端会議の場所をつくるとか、現代の手法を用いて形を変えながら続けられるかを考えることには大きな意味がある。このような社会問題でも、生活全体を質を良くしながら自給していく発想で見ていけば、いろいろやれることは発見できる。単に昔の駄菓子屋を単体でそのままやるとかだと成立しないかもしれないが、事務所の空き部屋を開放して、おまけでやってもいいだろうし。

ビジネスベースではなく個人サイズのナリワイで物事を考えやすいのも、家賃が安いなどの固定費が非常に小さいフルサトならではである。生活の基盤になるナリワイについてに話を戻すと、以上のような考え方でフルサトにないものを埋めていけば、仕事はなんぼでも育てられる。ほかにも都市に不足しているが田舎に有り余っているものを交換できるような仕組みをつくる、というのも仕事になりうるだろう。

熊野の家でまず最初に行ったナリワイは、寺子屋である。なぜ寺子屋にしたのかというと、単に塾や家庭教師が不足していたからである。やり方はシンプルで、夏の2週間だけ夏期集中の寺子屋を開催したのである。2週間3万円で質問に無限に答えるという寺子屋である。知り合いにタイミングよく塾講師を辞めた人がいたので、メイン講師になってもらい、他の人は、得意な教科だけ教える代わりに無料で泊まれて、空き時間に川遊びや花火大会に行ったり夜はバーベキューしたりと夏休みらしい過ごし方ができるという企画である。ナリワイにする人一人に、出入り自由のボランティアチーム、という構成である。一人で教えても良いのだが、この寺子屋の第二の目的は、親と教師以外の大人と会って話をする機会を中高生に提供することである。大学が近くにない田舎では、比較的近い年齢の大人と話す機会が圧倒的に不足しているという現状がある。だいたい、こういった地域で中高生が知っている職業など、医師、教師、公務員、警察官ぐらいだったりするので、選択肢が狭すぎる。そのうえで、将来の夢とかを書けと言われてもどうしようもない。

そこそこ人口がいる田舎でも中高生は一定数いるのに、大学生以上の若者が極端にいないという場所は多い。これは日本の過疎地、田舎、県庁所在地以外の地方都市に共通する現象だろう。したがって家庭教師がいない。大人数教育から一旦取り残されると個人の力では取り戻すことが難しい状況がある。しかもたまに存在する塾も営利企業でもあるので、大学合格など分かりやすい実績を積むために最初から手間がかからず成績が上がる生徒だけ入塾させるという制限をかけているところもある。公教育では先生が事務作業に追われていて、個別対応がなかなか行き届かない。余談だが、香川県には県立高校に補習科という、浪人してももう一年高校に通えるコースがあり、予備校（寮に入るか瀬戸大橋を渡って通うことになる）に行く資金力が乏しかった家庭環境の自分にとっては実に有り難いものであった。授業料は当時年間十数万円程度。高校の敷地内にある文化財の古い校舎が使えるのと（ただし冷暖房皆無）、先生に空きコマのときに教えに来てもらうからこの授業料でできるのである。専任の先生を採用していたらコストオーバーになってしまう。ついでにやるからできるのである。私の個人史として補習科がなかったら浪人できなかったと思う。さらに週に一回だけ体育もあってサッカーとか適度に運動ができたのもよかった。

こういう形をまねて、公教育の穴を埋めるナリワイを考えてみるのも一手ではないかと思う。高校生が本質的な内容を学べる塾をつくったらいいと思う。たとえば、床張りには数学の図形の知識が使えるなど、学問が生活とどうリンクするかも学べる塾だ。工夫すれば小さいナリワイの一つになるだろう。自分なら使えるところは動画配信の講義を用意して、理解を深めるために生徒が生徒に教える時間をつくって、テクニックなどではなく内容を理解して応用が利くような学習の仕方をしたいと思う。田舎に住んでみたいが、子供の教育環境が不安で二の足を踏む、という話はとても多い。であれば少数でもいいから質の良い教育の場をつくる、というのはあらゆるところに求められているから、有力なフルサトでの仕事の候補になる。

未就学児の教育についても、田舎でこそやれることはある。子育ては環境要因がとても大きいと思うが、田舎には教育機関が乏しいから不安だという声をよく聞く。しかし、たとえば地域に子供が25人いて、保育料が2万円だとしたら、25人で毎月50万円。年間600万円である。これに寄附や交代制による自主保育があれば、サービスの受け手も参加してつくる教育事業を立ち上げ、親の手間も少し増えるけど、子供の選択肢を広げる教育の場をつくれるのではないか。少数のクレーマーのために不自由になるといった事態も起きにくいだろう。卒園したらニンジャみたいに木登りができるとか、小刀で竹箸がつくれるとか、体幹バランスが抜群の子供になれる保育園とかをやってみたい。既存の幼稚園などがいきなりニンジャ教育を始めたら、怪我したらどうするんや、という意見が出てきてたぶんやれないが、新しく25人ぐらいの賛同者でつくっていけばできる。少しのリスクで、大人になって転びにくいちびっ子が育つなら一生の財産になる、と考える人が25人集まるかどうかが課題だが、世界中から募集したら25人ぐらい集まらないだろうか。なにしろイランに忍術を教える護身術学校があるぐらいである。歳を取ったときに転んで骨折すると寝たきりのきっかけになりやすいわけだから、転ばない身体感覚を早いうちから身につけておけば一生の財産だし、幼稚園の頃からニンジャを目指すのも夢がある話ではないか。ちなみに、古武術研究家の甲野善紀氏がおすすめしていたのは、密集した竹やぶに登って竹から竹に飛び移る遊びをするとかなり身体感覚が鍛えられよい、とのことである。こういう具体的な企画をまとめて募集したら、その幼稚園のために引っ越してくる人も出てくるかもしれない。さすがにそれはないか……と思っていたら、ベトナムの小学校に子供を入れるために移住するという人に会った。理由を聞いたら、幼稚園までは元気だった子供が小学校に通い始めたら眼の輝きを失った（楽しくないらしい）からだという。ベトナムはいじめもないらしいし、学校の児童の目が輝いているからそこで育てたいという。親御さんもベトナムで学びたいことがあるというのもあるが、国外に移住までしてしまうのだから、教育は重要度が高いテーマであることが分かる話である。

ニンジャ幼稚園は少し鋭角過ぎるアイデアかもしれないが、そこまで鋭くなくても、夏休みだけ子供を預かる林間学校みたいなナリワイも信頼関係を築けるサイズでやるのはとても有意義だと思う。なんやかんや私の世代（１９７９年生まれ）までは、お盆に帰省できる場所がある家庭が多くて、夏休みの１カ月ぐらいを普段と違う環境で過ごせた人が多かったが、次の世代は都会生まれ都会育ちという、帰れる田舎を持たない人が多い。でも夏休みぐらいは自然溢れる場所で子供と過ごしたいという願望はある。これを用意するナリワイである。会社を休める最初の数日間は親子で過ごして、そのあとは子供だけで１カ月ぐらい過ごす。親としても子供が１カ月弱とか手から離れるのは気分転換になってよいし、子供にとっても小さい頃から違う環境で過ごすのに慣れておいたほうが大人になったときに様々な環境に適応できるようになるのではないだろうか。

ほかにも、不便なところであればあるほどナリワイの種は探しやすい。田舎でのナリワイづくりについては、さらに不便を単に便利にするだけではなくて、質を高めていくのが良い。ラーメン屋がないなら回転数勝負の都市型深夜営業ラーメンをやっても仕方ないので（地方でも市街地は別だが）、完全予約制で5千円ぐらいで様々な凝ったラーメンが食べられる店とかやってもよい。なぜ田舎向きかというと、都市でこのような単発の営業形態を取ると家賃負担などで採算割れするリスクが高いからである。都市でもイベントスペースを借りてやるという手もあるにはあるが、調理ができて営業行為ができるようなスペースはまだ多くない。田舎であれば、あえて人里離れた鶏の声しか聞けない場所で、10名限定で、イノシシのラーメンから、一杯あたり鶏一羽から出汁を取ったラーメンとか3種類ぐらい全部食べられる、という単発のライブイベント的なお店もできる。家賃が安いからである。しかも、平飼いの養鶏場とかも近くにあるから、やむなく卵を産まなくなった鶏たちを引き取れる。鮮度も良い健康的な出汁が取れるだろう。素材が近くにあるからできることは多い。

古きナリワイをアップデートする

他にも昔ながらのナリワイを現代的にアップデートする方法もある。たとえば炭焼きとかも毎日やるとハードだが、交代制でやると過酷さが減ったりするし、売り方も工夫できるだろう。

昔ながらのナリワイとして、藍染め屋、豆腐屋、石工、大工、炭焼き、藁草履などの手仕事、養蜂、機織り、鍛冶屋、桶屋などがある。これは時として過酷な労働として語られることも多い。なぜ、それがハードだったかは、いろいろな理由が考えられる。現金収入の選択肢が限られていて、夜なべでやらざるを得なかったとか、都市と生産地が地理的にも離れていて情報格差もあったため、問屋などの力が強く買い取り価格が抑えられていた、というような環境要因があるだろう。ほかにも、原材料を生産するだけで自前商品開発までやることができなかったから薄利になってしまっていたという問題もあるかもしれない。昔といっても場所によって状況は異なるし昭和初期や30年代、50年代などでもそれぞれ状況は異なるだろうが。

しかし、この現代21世紀はこれらの課題は既に解決可能な状況になってきている。

まず、モノづくり一つとっても多方面に仕事をつくることができる。単純にモノを製造して売る、だけではない。藍染めならば、モノをつくる、つくる場所を貸し出す、技を教える、など何種類ものナリワイを考えることができる。これは21世紀に可能になってきた現象だ。モノが飽和したこの時代においては、モノによる充足よりも自分の体を動かして普段できないことをする、ということにも価値がある。これは、19世紀、20世紀には考えられなかったことだ。

人と連携するのもかなりやりやすくなってきた。炭焼きなどは確かに一人でフル回転させると、一旦火入れすると止められないので大変である。そこで、組合ほど多くしない程度で3人チームとかで交代で炭焼きをすれば、徹夜でフラフラにならなくても良いペースで取り組める。昔は技術を漏らさないように家族や強固な徒弟制の弟子でなければ一緒に作業できなかったりしたが、今なら信頼できる他人でも共同で仕事ができるようになってきている。むしろ炭焼きの技術を絶やさないようにいろいろな人が覚える必要があるぐらいだ。交代制でやれればぶっ続けで徹夜で火の番を続けるということも緩和され、効率的に窯を使えるし、技術の共有ができるから技術向上の速度もあがるだろう。当時は炭焼きは最新技術だから秘伝なことが多かったが、今は情報を共有してお互いが質を上げていく時代である。京都の清水焼も共同の登り窯があったころは作風で勝負する作家と技術勝負の職人が同じ登り窯で焼いていたので、お互いの仕事ぶりを見て刺激し合って面白い作品が多く生み出されていたという(市街地の拡大により煙の問題で登り窯は廃止された)。

また、現代は移動や情報の伝達が容易になり、物流も宅配便など様々な方法が用意されている。これを様々に駆使することができる環境が整っている。小さいものならネットで受注して発送するというやり方で独自の経路をつくることはそんなに難しくない。ネットショップもBASEなど低コストで開設できるサービスがいくらでも出てきている。もちろんこれらを使わなくても、品物が1種類ならGoogleドライブのアンケートフォームを自分のサイトに貼付けて、注文を受け付けてもOKだろうし、商品を紹介するブログを書いて、そこに注文メールアドレスを掲載して受注を取ってもできる。なんなら、ツイッターに画像添付して商品コピーと値段とメールアドレス流すだけでもいいかもしれない。インターネット時代の振り売り行商みたいで面白いかもしれない。

何か品物の販売をはじめるコストは限りなく下がってきている。思い立って3分でネットショップを開設ぐらいは可能である。過去にはこれができなかった。品物を届けるには何日もかけて運んで都の市に出したり、一軒一軒訪問して販売していた。今でもこの手法は有効だが、これだけだと大変である。しかも、室町時代は市に出すのも株を持っていないとダメだとか、いろいろ制限があってこれもまた大変だった。問屋が強くなると、生産する側は自分で値段を決められなくなり厳しい状況に追い込まれることが多い。とくに一つしか現金収入の手段がない場合は、言い値でも売らなければ0円で兵糧が尽きるので、選択肢がなくなり言い値で売るしかなくなる。生活の100％を自給できる絶対防御がないと、フェアな交渉をしにくい。複数の経路を確保すべきだろう。今でも問屋を通さないと、示し合わせて業界全体で取引を停止してくるとか恐ろしい仕打ちが待っていたりする業界もあると聞くが、なるべくそういう場所から遠くに行くようにしたい。

もう一つの大きい壁は、移動が不自由な時代は都市住民の生活を体験できなかったことだろう。そのため作り手は新規に何をどう売るべきかを検証できず、最終商品の開発がやりにくかった。よく昔話では田舎に生活していた人が不思議な出来事を通して黄金を手に入れて都に行く、みたいな話があるが、わざわざ描かれるほどそれぞれが遠い世界にあったということだろう。都に行って喜ぶ親、野山の生活に戻りたいが戻れない、という葛藤を描いたのが映画「かぐや姫の物語」（高畑勲・監督）だった。

それほど都市と田舎の距離はあった。しかし、現代は違う。かなりの人が進学などで一度は都市に生活しているケースが多い。つまり、肌で都市の生活がどういうものか実感として知っているということである。これはものすごい経験である。遠くの都市の人にとってどういう品物がよいか、ということが判断できるのである。たとえば、炭でいえば一回のバーベキューで使う炭はだいたいこれぐらい、というのが分かれば一箱の量をどのくらいにすればベストかが分かるだろうし、着火に適した細かい炭とメインの大きい炭とをセットにして売る、とかいろいろなことが考えられるようになる。炭と言えば燃料だけでもない。とある温泉で備長炭を埋め込んだ浴槽があったが、見た目が渋く仕上がっていてそこの温泉はにぎわっていた。何事も使い方次第で価値が変わるわけだから、いろいろな生活体験をするなかで使い道の選択肢を蓄積していく。これが古きナリワイをアップデートするのに必要である。常滑焼では、日本の浴槽がイマイチだから、大きな壺を浴槽として風呂場に合うサイズでつくっていた。「この分野は素材がイマイチなものしかない」などと日々探して考えることが古きナリワイのアップデートのきっかけになる。これは小さな発明である。しかし、一度でも都市に住んだことがあれば、既にとっかかりはつかめているわけなので、知らないうちにかなりの準備ができていることになる。

10年ほど前、学生時代に調べた話だが、徳島県上勝町の葉っぱビジネスは、発案者の横石知二氏が自ら料亭に通い詰めて、どういう葉っぱがつまものにふさわしいのかを実感できるレベルまで探究した、ということから発展してきていた。日本料理のつまものに使う葉っぱを販売するというビジネスだが、ここでも使う側の生活実感を知るかが勝負どころだった。生活を探究するというのがいかに大事かというのが分かる。

一度も地元を出たことがないという人は、地元が都市であろうが田舎であろうが、ぜひ一度は数ヵ月単位で違う環境で暮らしてみることが大事なのではないかと思う。あるいは、外部の人がやってきて話を聞いたりできる環境をつくることも大事である。それは、ただ日当りがよくて居心地のよい五右衛門風呂がある家なのかもしれないし、ライブハウスでもいいのかもしれない。熊野の家がある新宮市は人口3万人だが、パンクロックグッズのお店があるようだ。そこには同じ趣向の人々が各地から集まって来て情報を交換しているのであろう。今、さまざまな場所で田舎に若者を「呼ぼう」という施策が行われているが、逆方向で田舎に長らく住んでいる方が数ヵ月都市に住んで生活をしてみる、ということも大事であると思う。でないと、いきなり移住してきた若者に対して「何かやってほしい」と頼んでも、生活経験が違いすぎて地元の人は、「若者」が出すアイデアを理解するのが難しいだろう。摩擦も起きやすいし大変である。「よう分からんけど任せるわ、責任は俺が取るけん」というような、人としての器が太平洋みたいな人がいればいいが、人間なかなかそこまで到達するのは難しい。だから地方在住者が東京などに短期滞在できる詰め所みたいなものがあれば面白いと思う。マンスリーマンションは少々高いし、隔離されているので生活実感が湧きにくいだろう。都市と地方の移動は双方向で必要だと思う。

ところで、ときおり山間地で観光地でもない場所に唐突に民宿があったりする。なんでこんなところに？　という立地だが、昔は行商の人が峠を越えて移動しているときに泊まったりしてたということがあったからであろう。なぜ多くはないであろう来客のためにわざわざ民宿をやるのだろうか。それは、旅人や行商の人から様々な土地の情報を聞くのが楽しかったからだと思う。お客さんの身なりや持ち物、方言などから全国の情報を得ることができる。土地から動けなくても、動いている人から実感を伴う情報を得ることができる。古来、山伏は行商に近い存在の人や山のガイド的な仕事もしつつ山で修行もし、全国の情報を集めて大名とか将軍に伝える仕事をしていたとも言われていた（行商ではお札を売り歩いたりもしていた）。

このように、人間自体が情報の固まりである。人は品物と同じく情報を運び、それが交換を生み出してきた。行商から品物を買っていた人も、品物だけではなく行商の人から各地の話を聞くのが一つの目的になっていたかもしれない。これは現代でも古きナリワイをアップデートする際にヒントになる。それは単純に商品にストーリーをのっけて売れ、ということではない。

都会に住みながらもフルサトでやれるナリワイの考え方

行商というのは、都市と田舎を媒介する役割であった。そこには己の身体を使ってモノを運んで見知らぬ他人に品物を売っていくという仕事があった。現代でもなんやかんやコーディネーター的なことをやりたがる人は多いが、仕事にするなら手応えのあるものをやったほうが面白い。だいたい、単純な仲介だとインターネットが代替しまくってくれるので単に紹介するだけだとあまり価値が生まれない。ほんとに歩いて行商しながら実況中継するとかまでやると何か起きるかもしれない。行商しながら歩く旅の推奨ルートを開拓する、ということもできるかもしれない。あるいはライブしながら行商するとか。今はTwitterで居場所をレポートしながら移動する移動書店もあるし、様々なツールを組み合わせて新しい仕事の形をつくることができるようになってきている。

私がやっている教育事業の「田舎で窯焼きパン屋をひらく」ワークショップも、都会に住みながらフルサトでやれるナリワイである。ただ単純なコーディネーター仕事ではない。なんか田舎に人が来る企画をつくれないか？　というざっくりした依頼からできたナリワイである。そこから何が面白くなりそうかとか何が価値になりそうかを考えていくのが仕事になる。

体験イベントなどは、あまり考えないと細々した体験を詰め込んで羅列したイベントになりがちである。あれやってこれやってそれもやってみたいなかんじで慌ただしい。自分自身が盛り上がらない企画はやっても大したことにはならないので、やらないことである。自問自答して自分自身のボルテージが盛り上がるポイントを探すか、信頼できる人と会話してアイデアを練るなどの過程を経て企画が完成する。

たとえば以下のようなかんじだ。

Q「田舎に人が来る企画を考えてくれんか」

A「田舎暮らしイベントか……」、B「調べてみると、収穫だけとか作業体験が多いですね」、A「うーむ、いまいち盛り上がらんな」、B「チャレンジ感もないし生活感がないからでは」、A「観光エンターテイメントねらいすぎて、午前中川遊び、午後観光名所いって夜バーベキューとかも、ピンとこんなー」、B「あーそうですね、予想がつくというか」、A「よし住むかんじにしよう、1年ぐらいとかのツアーはどうか」、B「いやそれ、田舎にいきなり1年住むとか無理でしょう」、A「なんで?」、B「いや会社辞めな参加できなんやないですか、会社辞めてきても仕事がないから」、A「1年ぐらいバカンスしたらええやん、それに田舎でもよいかんじに生活して仕事してる人はいる」、B「じゃあそういう人に直接見習いしたら話が早いですね。ええパン屋さんいますよ」、A「なら1週間ぐらいならどうか」、B「1週間ぐらいなら休めるかもしれませんね」、A「なんか漫画の特訓シーンを思い出すなー!」、B「じゃあ、それでいきましょう」

という自問自答を経て、企画がまとまる。まあこれはかなり短縮した結果だが、このように様々な素材を認識し、それぞれをどう組み合わせればボルテージが高まる企画になるか、というのを考えるのが勝負所であり、そこが仕事になるかならないかの境界線である。

こういう仕事は実は、編集者が持つ能力が非常に生きる分野である。しかし、田舎には編集者がほとんどいない。なぜかというと、既存の主要な仕事先である出版社が田舎にはないからだ。だから、ほとんどの編集者は都市に集中して、出版不況とともに落ちるページ単価と戦っている（昔がバブルなだけだったという話もある）。物事を発掘して組み合わせられる編集能力に加えて、自分の体を動かして調査する能力の二つある人がいたら、めちゃくちゃ活躍の場があると思う。生活を探究することがそのまま仕事になる、というのが21世紀なのではないかと思う。なぜならこれまでの生活の仕方がいまいち機能しなくなってきているからである。替え時である、ということである。だからニュータイプを地道に開発しなければならない。現状では、ずっと都会にいると動物的な感覚が鈍ってくるし、田舎に隠遁しすぎると思考が閉塞してしまう。どちらか一方ということ自体が成立しにくくなってきている。生活を探究する勘を鍛えるということは、生活について「ほっこり」、「懐かしい」やら、「スローライフ」とか、そういうテンプレート表現をしないような姿勢が求められる。

シェアハウスのある熊野古道エリアは、なぜか平安時代に後白河法皇をはじめとする都の人々が「蟻の熊野詣で」というほど、こぞって参拝した地であるが、熊野信仰がその理由と言われている。しかし、他にも都市化の副作用を緩和するために山奥への参拝が流行したという要因もあるのではないだろうか。人は都市のみに生きるにあらず、としたら、これは大きな課題である。人類の課題にチャレンジできている仕事は長続きする。そして取り組むに値する類いの仕事だ。その一つが、私がやっている先ほどの田舎で仕事と生活を学ぶ暮らし方デザインスクール講座である。今のところ窯焼きパン屋の講座だけだが、ほかにもいろいろありえる。

こういったことは、私自身のケースだけではなくて、他にも様々なところで取り組まれている。高知市の「土佐山アカデミー」という山村で自然と調和した生活、社会をつくる人を育てる教育事業だったり、海外でもスウェーデンの田舎の島には、手工芸園芸を学ぶ「カペラ・ゴーデン」という4コース1学年10人程度の小さな学校もある。園芸科がつくった野菜が学食で出たり、テキスタイル科がつくった布を校舎の寮に使う。これらは少しばかり過疎で雑念少なく制作に打ち込める環境が非常に生かされている。

土地をもたない遊撃農家

田舎といえば農業、農業といえば、その土地に住み栽培管理をして出荷するという仕事である。田舎でしかできない、と思われる職業の最有力である。だが、都会にいながら取り組むことができる方法もあるのではないか？　という着想からはじめたのが「遊撃農家」である。どういう農家かというと、繁忙期だけ収穫などをサポートし、同時に収穫イベントなども企画する、そのうえで収穫を実況中継し、主にネットを通じて販売する。虫との格闘、収穫の流れなどを実感した人が販売する、というのは情報が溢れまくって意味不明になってきたネット通販世界における広告合戦とは違う土俵の仕事である。

ネットでの買い物は比較しやすいのはよいが、それが弱点にもなっていて、10円安いものを探すのにネットで20分ぐらいかかったりするという意味が分からない矛盾が生じている。家電とか品質が均一な品物であれば比較サイトで解決するが、農産物ではそうはいかない。だったらスペックや価格での比較ではなく、収穫の実況中継が面白いから、という理由で買うのもよいのではないかと思う。もちろん中身がしっかりしているのが前提だが。また、遊撃農家は繁忙期だけ現地に行き、普段は都会に住んでいるからこそ、そんなに手間もかけずに試食会を開いたり、何かのついでにサンプルを配ったりできる。ここでも、日常行っていることがそのまま仕事になるようにしていくのがポイントだ。防御の動きが同時に攻撃につながるのが太極拳。そういうかんじでいきたい。

今は、ファーマーズマーケットなど小さな市も出てきたりしているから、そこの出店をサポートする、というのもよいきっかけづくりになると思う。これは、都会にいながらフルサトとの接点を見つける方向である。もちろん、直接田舎に行ってフルサトとの接点になるナリワイを見つけることもありえる。フルサトとの仕事のつくり方はいろいろなパターンがあり得ると思うので、ぜひ形を研究して共有されていけば環境が育ってくると思う。なんやかんや地球のほとんどが田舎なので、様々なチャレンジが必要だし、多様な選択肢があり得ると思う。

仕事はお金を正しく使うことから

この章では、仕事をつくってお金を得ることを中心に書いたが、お金を使う側としても、フルサトは感覚が変わる。なにしろお店が無限にあるわけではなく、数えられるだけしかないので、いい店を選択して行くことができる。チャレンジしているカフェに積極的に行ったりとか、昔からある味わい深いお店などに行くとか、積極的なお金の使い方がしやすい。これは大事なことだろうと思う。都市でもある程度はできるが、忙しいと選んでいる暇がなくてついついランキングとかレビューサービスに頼ったりしてしまうから、広告過多なお店が人気になったりしてしまうこともある。特に、味はよいが無愛想な個人飲食店にとっては、ユーザーコメント付きグルメサイトは不利である。大半の人間味溢れる良心的なお店は、店主の機嫌の波がある。だから「飲食店はサービスが命」みたいな思想の人がうっかり店主の機嫌の悪い時にあたってしまうと、「無愛想！　二度と来ません」などと書かれてしまう。それはダメージが大きい（店主の精神にも）。そもそも感覚が合わないお店に来てしまった不幸な事故でもあるのだが、それをアーカイブできる形で残すのも問題であろう。だいたい、それぐらい大目に見てもよいではないかと思う。

ひるがえって、フルサトではそもそも選択肢が少ないから、レビューに頼らなくてよい。良い悪いも健全な形で判断できる。間接的な評価を気にせず、自分の目で確かめられるというのは人間に適したサイズだということでもある。それに、余白が多いから、不満があれば自分たちで選択肢を増やしたりもできるのが面白いところである。たとえば流行っている中華料理屋とかウナギ屋とかの名店は地方にも必ずあるのだが、店主の引退でそのまま町に中華料理屋がなくなったりもする（息子だから跡を継ぐという強制力は現代では少ないので）。そのまま新規に中華料理店は進出してこないことも多い。まあ、アグレッシブな方はもう少し人口の多いところに出店することだろうし。こういった空いた穴を埋めるだけでも仕事にはなるから、実はいろいろチャンスはあるのである。フルサトは競合とかいうよりも「誰が不在になった中華料理店を分担するか」というような感覚で仕事が成立していくのだと思う。これは競合を避けよう、競合を避けよう、と他人の目を盗んでいち早く当てにいくというのに慣れてしまった都市型のビジネス発想とは違う感覚である。

一方で、特産品のような量産品で同じようなパッケージデザインが溢れることがある。これは買う人がげんなりするので、こういうタイプの仕事は真似してはいけない。逆に少量生産に適したパン屋さんなどはそこそこ数があっても困らない。この場合はパン屋という形態は真似して、味で切磋琢磨できればよい。こんなかんじで、それぞれの仕事についてあれはどうかな、これはどうだろうと個別に考えていくのが、フルサトにおいては大事である。競合があったらよくないかどうかは分野の性質とその密度による。いくらパン屋がいいと言っても限度がある。もっとも、人口あたりのパン屋の数が日本一とかまでいくと全国的に話題になりそうだ。香川県はうどん県を名乗るほどまでいってしまった。確かに県民としてはうどん屋はいくらあっても困らない。

お金の使い方に関して、示唆的なエピソードがある。次の第5章にも出てくるが熊野に仲間が書店をつくる計画がある（その後2013年11月オープン）。田舎に住むに当たって「本屋がなく、知的な発見がなくなるのでは」という不安があるとよく聞く。それなら書店をつくってしまおう、とつくることになったのだ。しかも古本屋ではなく新刊書店。新刊書店はゼロから立ち上げるのは資金的に難しいと分かったので、ちょうどイベントで知り合った京都のガケ書房さんに協力してもらって実現できることになった。場所は、廃校の空き教室。

最初に出ていた内装のプランは、「お店」としてデザインされていて大がかりな内装工事をする計画だった。ところが、出店するガケ書房（当時。現在は「ホホホ座」）の山下賢二さんと現場で打ち合わせしたときに、古い本棚が多数置いてあったのを見つけたら一転、「内装はそのままで本棚をランダムに並べて、本を探索するようにしたら面白い」ということになったのである。曰く「あんまり整ってたらお客さんは入ってすぐ出てしまう」のだという。日々お店に立ってお客さんを観察している方の意見は確かだ。

お店のリノベーションといえば、お金をかけてプロが内装工事をしなきゃいけない、と思うかもしれない。しかし、このエピソードが示唆するものは、「田舎」というのは、既に資源豊富な場所なのだということだ。優れた感覚（ここ大事）を持って素材を生かしさえすれば、よい場所作りができるのではないかと思う。「デザイナーが地方に入って」、特産品とかをオシャレにするというのはありがちだが、本質は違うところにあるのではないだろうか。

じゃあ何したらいいのか、この謎が解けたら田舎での仕事づくり三ツ星《トリプル》マスターになれると思う。たぶん日本にはまだ一人もいない。だから皆さんもカリスマに依存せず、自分のアイデアでチャレンジしてほしい。

私も目覚ましい実験報告ができるように日々精進していきたい（と思ってやる気を少し高めるのである）。

第5章

「文化」をつくる

pha

日本中どこでも都会的な文化が楽しめるようになった?

昔に比べれば今は田舎でもわりと都会的な文化を楽しむことができるようになったと思う。寝る場所と食料があればとりあえず生命を繋ぐことはできるけれど、人間らしい生活を送るためにはやっぱり何か文化的な楽しみのようなものが必要だ。

今は何といってもインターネットの存在が大きい。SNSを使って友達と雑談したりブログやウィキペディアを見たりしていれば無料で何時間も過ごすことができるし、月に1000円も払えば映画やアニメなんかもネットで見放題だ。ネットさえ繋がっていればお金をかけずにいくらでも暇を潰せる。

物を買うときだって、大抵の物は日本中どこにいても家にいながらにしてネット通販で買うことができる。家まで配達してくれるから楽に買い物ができるし、値段も地方のそのへんの店で買うよりも安かったりする。

ネット以外の面でも、ここ数十年でクルマ社会化が進んだから、田舎に住んでいても車さえあればそんなに生活には不自由しなくなった。結構な田舎でも車で30分〜1時間もドライブすれば大型ショッピングモールやロードサイドの大型店に行って、都会にあるのと同じチェーン店で買い物をしたり食事をしたりすることができる。それでも確かに東京などの大都市にしかないような文化的施設はある。どんなジャンルの店でも、ある程度マニアックで趣味の良い小さな店は都会にしかないだろう。ミュージシャンのライブツアーや美術の展覧会などのイベントもほぼ都会でしか開催されない。

でも自分の生活を思い返してみると、東京に住んでいてもそんなにしょっちゅう美術館だとかライブハウスだとか繁華街だとかに行っているわけじゃなかった。僕の場合、東京でしか楽しむ機会がないようなところに出かけるのは1〜2カ月に一度くらいで大体の日常の生活は家の近所のスーパーやコンビニやファミレスで用が済んでいる。都会に住んでいてもそんな感じの生活を送っている人も多いんじゃないだろうか。

僕はもともと家にひきこもりがちでそんなに外に出ないほうだから、田舎にいてもそんなに不自由しないんじゃないかと思った。住む家があってたまに食べ物を買いだめしてきて、ネットさえ繋がっていれば7割くらいの生活はそれで十分だ。あとはたまに都会に出て行って、そのときに都会でしか行けない店やイベントに行って都会に住んでいる友達に会って、また帰ってきて田舎で静かに暮らすという感じでもわりといけるんじゃないだろうか？

観光客向けの文化と住人向けの文化

しかし、田舎でもそこそこの文化的生活が送れるといっても、地方都市の市街地ならまだしも熊野の山の中の集落ではやっぱり物足りなさを感じることも多い。

そもそも近所に店がほとんどない。数少ない商店も夕方5時くらいには閉まってしまう。車で30〜40分かけて山を下りればコンビニやファミレスやショッピングモールがある市街地に出られるけれど、そこまで行くのは面倒臭いので町に下りていくのは週に一回くらいになってしまう。もうちょっと気軽に行ける場所に、ちょっとした物を買ったり食事をしたりできるところがいくつかあったらいいのになと思う。

あと、ショッピングモールに行けば一通りのそこそこの物が買えるといっても、そこに入っているのは均一化されたチェーン店ばかりなので凝ったものや尖ったものはあまり置いてなくて、やっぱり少し物足りなさを感じたりする。ネット通販を使えば大体何でも買うことができるけど、実物を手にとって確かめてみたいことも多い。そんなときはいろんなマニアックな専門店に気軽に行ける都会が少し恋しくなったりもする。

そんなことを言っていると、「せっかく田舎にいるんだから山とか海で遊べばいいじゃないか」とか言われたりもする。確かに山も川も海も近いから、山を歩いたり川で泳いだり海で釣りをしたりはいくらでもできるし、そういったアウトドアな楽しみについては充実しているだろう。でも、山や海で遊ぶだけで完全に満足できるのはよっぽどのアウトドア好きだけで、多くの人はもうちょっと都会的な文化的要素が日常にないと寂しいんじゃないかと思うのだ。

他にも文化的要素といえば「熊野だったら熊野本宮大社などの世界遺産とかパワースポットがあるスピリチュアルな場所じゃないですか」とか「中上健次や南方熊楠ゆかりの文化的な伝統のある土地でしょう」と言う人がいたりもする。確かに熊野に住んでるとたくさんの世界遺産がすぐ近所にあって毎日のように目にするけど、そういうところに行くのは観光客だけで、そこで生活している人ほど世界遺産とか観光名所なんて行かないものだ。世界遺産と言われても、「あー、あそこのホームセンターで買い物するときでっかい鳥居をいつも見るけど、別にそんなにしょっちゅう行くものじゃないしな」って感じだ。ホームセンターに行くときにふざけて「世界遺産にロープとノコギリを買いに行こう」とか言ったりするけど。日常の生活においての重要度は明らかに「ホームセンター∨世界遺産」だ。中上健次も南方熊楠も今の人はあまり読まないし、それよりも漫画喫茶がほしい。

大体どこでもそういうもので、東京に住んでる人は普段から浅草とかお台場とか行かないし、沖縄の人がみんなビーチでダイビングしているわけじゃない。たまに来る観光客が求める文化的要素と、日常的に暮らす人が求める文化的要素は違う。

だから、一見さんの観光客だけではなく、その土地に定期的に訪れたいと思う人や、移住したいと考える人を増やそうと思ったら、もっと日常の暮らしで必要とされるような文化的要素を増やすことが必要になってくるのだ。

自分たちで町をつくる

まあ、田舎に文化的なスポットが足りないのだったら、それも自分たちでつくっていけばいいんじゃないだろうか。熊野ではそんな動きがいくつか進んでいる。

2013年11月に、熊野川町九重にある旧九重小学校の廃校の校舎の建物で、ブックカフェ「bookcafe kuju」とパン屋「むぎとし」がオープンした。

「bookcafe kuju」は書店とカフェを併設した店で、コーヒーを飲みながら本を読んだり買ったりできるブックカフェだ。書店部分の運営については、京都の名物書店「ホホ座」のサポートを受けている。

「むぎとし」はパン職人の林さん夫妻によって運営されていて、林さんがこだわって自分の手で作り上げた大きな窯で焼き上げるしっかりした味で食べごたえのあるパンが売りだ。パンは店での直接販売の他にネットでも通販をしている。

この旧九重小学校跡を再利用してカフェをオープンして運営しているのがNPO法人「山の学校」代表理事の柴田哲弥くんだ。柴田くんは第3章でも少し紹介したけれど、もともと三枝さんの企画した学生論文コンテストに応募して、その後共育学舎に住み込んで活動していた若者だ。

旧九重小学校の建物は、教室が四つと職員室が一つ並んだだけの小さな平屋の木造校舎だ。以前に廃校になったあとそのまま校舎は放置されていたのだが、2011年秋の台風12号による紀伊半島大水害で天井近くまで浸水して建物がボロボロになってしまった。そして「これはもう使いようがないから取り壊そう」と新宮市によって決められて、取り壊しの予算として800万円が付けられた。

そのときに「取り壊しにお金を出すならそのお金で再生させて利用したほうがいい、

こんないい校舎をただ壊してしまうのはもったいない」と声を上げたのが柴田くんだった。その提案に市も賛同して、校舎は取り壊さずに地域の拠点として再生されることになった。柴田くんがボランティアなどを募って人を集めて床や壁を張り直して改修して、新しくブックカフェとパン屋が生まれることになった。

「地域に活気を取り戻すために「やっぱりカフェが必要だなー」とか「本屋も要るなー」とか「パン屋もほしいなー」とか必要だと思うものを一つずつつくっていってるんですが、こんな何もない山の中に店をいくつもオープンすると、まるで町を一から作っていってるような気分になりますね」と柴田くんは言う。

「カフェと本屋とパン屋をつくったら、「次はいい感じの食事ができるレストランもあったらいいな」とか、「酒が飲めるバーもほしいな」とか、「こうなってくると泊まれる施設もほしいね」とか、まだまだあったらいいなという店はたくさん思いつきますね。この校舎にはまだ空き教室が三つあるから、ここにいろんな種類の店を入れていったらショッピングモールみたいで面白いかもしれない」

僕は2カ月おきぐらいに熊野に来てるんだけど、2カ月ごとに柴田くんに会うたびに「今度はこういう店を作りたいと思っている」とか、「こういう空き家を見つけたので何か活用したい」とかそんな新しい話を聞けてとても刺激的だ。柴田くんと話すたびにこの地域がどんどん面白くなっていきそうな雰囲気を感じる。

カフェという都市的文化空間

熊野の山奥の山と川しかなくて人間より鹿や猪のほうが多いような場所に滞在しているときに、ときどき九重のカフェに行って雰囲気のいい音楽を聴きながら本格的なコーヒーを飲んでいると、「はー、これが文明だ……」という感慨が湧いてくる。良いカフェと良い本屋と良いパン屋、確かにこの三つが揃っていればそれなりに都会っぽい文化的な生活ができそうだ。そして、その中でも場の中心となるのはカフェじゃないだろうか。

カフェというのは単に飲み物を飲むだけの空間じゃなくて、さまざまな文化的な機能を持っている。家や職場といった日常的な空間から少し離れてほっと一息つける場所でもあるし、知人や友人とおしゃべりしたりする交流の場所でもある。会議や商談にも使われるし、一人で作業をしたり本を読んだりすることもできる。音楽や本や雑貨などの文化に触れられる場所でもあるし、ミニライブやワークショップの会場にもなる。現代で文化的な生活を送るには、カフェという場所はもう必需品なのだと思う。

カフェの持つ役割という話については、「bookcafe kuju」の設計についての経緯が面白かった。

「bookcafe kuju」の設計は奥田達郎くんという設計士の人にお願いしたそうなんだけど、最初に奥田くんが持ってきた設計プランは二通りあったそうだ。A案は、昔の囲炉裏端をイメージさせるような、お客さん同士の交流がしやすいように店の中全体が開けた感じで繋がっているオープンなレイアウト。B案はオープンに繋がっているスペースは半分くらいで、もう半分はそれぞれのお客さんが個別の空間を過ごせるように仕切りを多めにしたレイアウト。

奥田くんは最初「田舎にカフェを作るなら人のぬくもりや交流を重視したほうがいいんじゃないか」と考えてA案のほうを推していたんだけど、実際に熊野に住んでいる若者に話を聞くと「B案のほうがいい」という意見が多く、結局は仕切りの多いB案に決まったそうだ。

カフェの持つ機能の中で、「人と交流する」というのも「人間関係から少し離れて一息つく」というのもどちらも大事なものだけど、田舎では後者の「人間関係から少し離れる」という機能のほうが必要とされることが多いのだと思う。人の絶対数が少ない田舎ではどこに行っても知り合いにすぐ会うので、人間関係から離れられる匿名性の高い空間があまりないからだ。濃い人間関係は助け合いができて良い部分もあるけれど、ときどきその濃密さに気疲れすることもある。そうしたときにちょっと息抜きができる空間として、匿名的な感じでくつろげる都会的なカフェがあれば田舎にもだいぶ住みやすくなると思うのだ。

小さな図書館をたくさんつくろう

もう一つ、熊野に新しくできた本に関するスポットを紹介したい。

新宮市の市街地で2013年にオープンした「Youth Library えんがわ」（新宮市千穂）は、並河哲次館長（僕を最初に熊野に誘ってくれた人だ）が作った私設図書館だ。建物は木造平屋建ての民家の一室に本を並べて図書館にしたもので、約700冊の蔵書が貸出用として書架に並んでいる。本は並河くんとその友人によって寄贈されたものだ。僕も自分の蔵書の中からおすすめの本を何十冊か寄贈した。

建物には名前の通り庭に面した縁側があって、縁側に座って外を眺めながら読書をするのが心地良い。「Youth Library」という名前の通り若者を主な利用者として想定していて小学生、中学生、高校生の利用者が多く、学校帰りに立ち寄る学生が多いようだ。高校の定期テスト前には自習をする高校生がたくさん利用しに来る。

「えんがわ」は並河くんとボランティアの図書委員で運営されている。図書委員の中には高校生もいる。毎日開館しているのではなくスタッフが来れるときだけ開けるかたちなので開館する日程は不定期だけど、開館するときにはツイッターやフェイスブックで告知するようになっていて、利用者はそれを見てやってくる感じだ。ネットを見ない小学生とかは直接やってきて開いているかどうかを確認するみたいだ（「えんがわ」は小学校の隣にある）。

「えんがわ」の図書館運営に活用されているのが、「リブライズ（https://librize.com/ja）」という図書館を作るためのウェブサービスだ。リブライズは「すべての本棚を図書館に」というキャッチフレーズで公開されていて、本棚とパソコンとバーコードリーダーさえあれば誰でも無料で自分の本棚を図書館として公開できる。運営者がリブライズに本を登録すれば、「その図書館に何の本があるか」、「貸出中かどうか」を利用者がネットから確認することができるようになる。リブライズを利用しているのは「えんがわ」のような私設図書館もあるけれど、カフェや美容院やコワーキングスペースなど「他の店をやりながら本も貸します」といった感じの場所も多い。

図書館というものは基本的に無料なので、それ単体で採算を取ろうと思うとかなり難しい。だから今までは図書館といえば自治体による公立図書館が当たり前だと思われていた。だけど図書館だけを運営するのではなく、カフェなどの何か他の店をやりながらついでに本を貸すというやり方なら、大してコストをかけずに手軽に運営することができるし、置いてある本自体が本業のお客さんを呼ぶという集客効果もある。

そんな小さな私設図書館をコストをかけずに柔軟に運営できるようになったのは、インターネットを使うことで家にいながらどこにどんな本が置いてあるかを手軽に検索できるようになったり、SNSで不定期な開館時間をリアルタイムに伝えたりできるようになったという理由が大きい。これは画期的なことだと思う。

リブライズの開発者の河村奨《つとむ》さんは、熊野新聞によるインタビューで以下のようなことを話していた。

〝マップ上に図書館をしているカフェが並んでいて、本が見つかったところに行くとか。そんなことも出来れば楽しいと思うんですよね。ものを買わないと店に入ってはいけない気がするじゃないですか。だけど、本棚があるだけで、店の人と世間話ができる。

いろんなところが図書館になってくれれば人のコミュニケーションが円滑にいくと思うんですよ。同じ商店街でも互いのことをよく知らない。売っているものは知っているけど、趣味は知らない。本を置いているだけで、さまざまな話や相談もしやすくなる。〟（熊野新聞　２０１４年１月１日号）

河村さんが語る「本が地域交流の媒介になる」というアイデアはすごく良いと思う。こういった本が人と人を繋ぐという機能は電子書籍ではない紙の実体を持った本だからできることだ。

「リブライズを使って新宮市内にあるいろんな店を片っ端から図書館化してもらって、新宮を日本一図書館の多い図書館都市にしたいです」と「えんがわ」館長の並河くんは語る。「いまカフェや雑貨屋さんなどいろんな店に話をして協力者を募っています」

並河くんの働きかけによってオープンした私設図書館は現在熊野周辺に11個あって、リブライズのウェブサイト上で「くまのみちくさ図書館」という名前でまとめられている。

また、2014年に「えんがわ」は簡易宿泊所の許可をとって「泊まれる図書館」になった。若者や旅行者に安く宿泊してもらうことで交流の場となることを目指している。本に囲まれた空間で眠るというのはなんかワクワクするしとても良いと思う。

他にも並河くんの話を聞いていると「本以外の物を貸し出せたら面白いから自転車もレンタル可能にしてみました」とか、「図書館に若者が集まるならそこでポン菓子とかクッキーとか売って駄菓子屋にしたらもっと楽しい場所になりそうだと思いませんか」とか、「今はネットで動画を使って学校と同じ授業が受けられるサイトがあるからそれを使えば私設図書館で学校的なこともできるかもしれないんですよ」とか、どんどん新しいアイデアが湧いてきていてとても興味深い。いろんなものが大都会に比べて少ない地方都市だからこそ、自分たちに必要なものを協力し合いながら作っていく面白さがたくさんあるということを実感させられる。

本というものは文化を支える基本だ。大人が文化的な楽しみを得ながら生活をするために、また、子供が文化的に豊かな環境で成長するために、本の存在は欠かせない。ネットでいろんなことが検索できるようになったといっても、まだまだネットより書籍のほうが質が良くてまとまった情報が手に入る。ネット書店で大抵の本が買えるといっても本棚に並べられた本を実際に手に取って見ることができる書店や図書館といった空間の楽しさはネット書店では得られない。だから、書店や図書館といったスペースが家のある程度近くにあることは、文化的な生活を送るためにとても大事なことだ。

そして、そんな書店や図書館といった文化的なインフラも自分たちで作っていくことは可能なのだ。

旅と日常のあいだ

「bookcafe kuju」の話で、周りに山と川しかないような山奥の集落にカフェと本屋ができるというのを聞いてまず思い出したことは、昔、東南アジアの田舎（ラオスとか）を旅行したときに見たバックパッカーが集まる安宿街のことだ。

バックパッカーが集まる都市には必ず安宿街がある。そして安宿街には、安く泊まれるゲストハウスと、気軽にごはんを食べられるレストランやカフェと、古本屋があるものなのだ。

安宿街の古本屋にはさまざまな言語のペーパーバックが並んでいる。バックパッカーは旅をしながら読む本をそこで売ったり買ったりする。たくさんの旅を経て古びて茶色くなっている本も多く、一冊の本が旅人たちの手によって世界中のいろんな都市をぐるぐる回っているんだろうな、というのを感じさせる。

バックパッカーたちは数カ月や数年という長い期間をかけて世界のいろんな場所を巡っていく。1泊や2泊の旅なら観光名所を見たり名物料理を食べたりしていればすぐに終わってしまうけど、長旅となるともっとゆったりと日常に近い感じで過ごすことになる。ゲストハウスで朝遅い時間に目覚め、カフェでゆっくりと朝食や昼食を食べ、コーヒーでも飲みながらのんびりと本を読む。そうしたのんびりとした文化的な一日を過ごすのに必要なのがカフェや本屋なのだ。

日本で会社に勤めていると長期間の休みを取る習慣が一般的ではないから、数カ月にも及ぶ旅はなかなか実現しにくい。有給休暇を精一杯使って10日くらいの休みをとっても、その休みを効率的に使って旅行しようとすると旅先でも観光スケジュールがいっぱい詰まってしまい、あまりのんびり過ごす余裕がないことが多いんじゃないだろうか。

それに比べて、一つの土地でのんびりと過ごすバックパッカーのような長期滞在型の旅は「旅と日常の中間」と言えるかもしれない。暮らすように旅をするというか、旅の中で日常を過ごすというか、そんな感じだ。そして、1泊や2泊でなくある程度の長期滞在をするには、観光名所や名物料理などの物珍しい要素だけではなく、カフェや本屋などの、普通に文化的な生活を送れるような環境が必要となるのだ。

そんな旅と日常のあいだのような長期旅行者の生活は、この本で提唱している都会と田舎に複数の拠点を持つという生活とも少し似ている。普段は都会に住んでいて、1年に1週間だけ田舎に行くのは旅っぽいかもしれない。だけど、1年のうち8カ月を都会の拠点で、4カ月を田舎の拠点で過ごすとしたら、それはもう旅とも言いにくいんじゃないだろうか。

旅と日常の境目はどこにあるのだろう。ある場所に1年で1泊だけすると旅だ。365泊すると定住だ。じゃあ、1〜365泊の何泊目から旅は日常となって、日常は旅になるんだろうか。離れた場所に複数の家を持って生活をするということは、旅と日常の境目を曖昧にしながら、旅の良さも日常の良さもどちらもうまく取り入れようとする試みだと僕は思う。

年に何回か旅行をする人は、その旅行のうちの1回か2回を決まった田舎の拠点で過ごすようにするのもいいんじゃないだろうか。それは一度だけしかそこへ行かない観光的な旅とは全然違う風景が見えてくるものだし、少しずつその土地との関わりを深めていくという良さがあるものだと思う。

文化は楽しみながらつくれる

文化スポットをつくるとか文化的なイベントを開催するのは、都会より田舎のほうがやりやすい面もいくつかある。

まず、場所のコストが安い。自宅の一部を開放して図書館にするだとか、カフェでワークショップやミニライブをするだとか、どこかの店のスペースを借りて手作りの雑貨を売るとか、そういうのは田舎だと空間に余裕があるので低コストで実現することができる。

都会でカフェやゲストハウスをオープンしようとするとかなり高額なお金が必要になるけど、田舎で空いている家を知り合いのつてで借りて自分で仲間を集めて改装すればそれほどお金をかけずに始めることができる。初期費用がたくさんかかるとそれを回収するためにかなりきっちり働かなくてはいけない感じになってしまうけど、低コストで始めた場合はそんなにお金にガッガッせずにのんびりと自分のペースでやっていけるのがいいところだ。

あと、競合が少ないというのも大きな利点だ。都会には文化が過剰に溢れている。パンを焼く人、ベーコンを作る人、雑貨を作る人、ヨガを教える人、整体を教える人、プログラミングができる人、音楽家、絵描き、蔵書家など、都会にはどんな文化でも同じジャンルに詳しい人がたくさんいるので、ちょっとやそっとのレベルではイベントを開いてもなかなか人を集めにくかったりする。

田舎だったら人が少ないので他に同じことをやっている人があまりいないから、趣味の延長として気軽に文化的なイベントを開催しやすい。そもそも田舎はイベントが少ないから何か企画すれば結構近辺の人が気軽に集まってきてくれる。地方新聞に連絡すればイベントのお知らせを載せてくれることも多い。

文化的イベントと言っても別にそんなに特別な凄いことをする必要はない。都会で何かの文化を少し身につけてそれを田舎に持っていくという文化の輸入業的なことをするだけで結構人が集まってきて喜んでくれたりする。別に主催者が大したスキルを持っていなかったとしても、みんなで一緒に学ぼう、みんなで一緒に遊ぼう、というスタンスでやればいい。文化なんてそんなゆるい感じで、楽しみながら自分でつくっていけばいいのだ。

生活とともにある文化

あと、都会だと人口が多くていろんな文化が大量に溢れているから、人の集まりがそれぞれの趣味ごとに細分化されすぎてしまう感じがある。たとえば音楽好きの人の中でもロック好きとかクラブ好きとかヒップホップ好きとかに分かれてしまい、さらにロック好きの中でも細分化されたジャンルに分かれていって、ジャンルごとに集まる場所が違い、違うジャンルの人との交流が生まれにくいというような感じだ。

地方や田舎に行くほど、人もイベントも少ないからそこまで細分化されなくて、もうちょっと人が混ざり合ってる感じがある。たまたま開催されてるイベントにふらっと立ち寄って今まで興味のなかったジャンルの文化に出会って興味を持つ機会も多くて、それは選択肢の多すぎる都会では逆にない面白さだ。

都会にはたくさんの文化や情報が集まって物凄いスピードで変化し続けていて、その中から今まで見たことがないような新しいものや、1万人に一人しか興味を持たないようなニッチなものが生まれたりしてくるのは確かだ。それはそれですごく面白いことだけど、文化というのはそういう最先端のものだけではなくて、たとえば宴の席にいつもギターがあって興が乗れば誰かが歌い出すといったような、普段の生活や日常の人間関係の場を彩るものとしてもあるものだ。

文化というのはプロの提供するものをお金を払って買うだけではなくて、一般人の生活や趣味の延長としても存在しているものだ。だったら誰でも一つや二つの趣味は持っているものだし、自分の趣味を他の人と共有するという感じで文化的なイベントやスポットを作っていくことも難しくないはずだ。

最初はとりあえず自宅やカフェでワークショップやイベントを開いて、それがもし好評でたくさんの人が集まったなら、少しずつ規模を拡大していってナリワイとして収入源の一つにしていく、というルートもある。そんな風に手さぐりしながら趣味をちょっとした仕事へとレベルアップさせていこうとするときに、低コストで始められて競争相手の少ない田舎でとりあえずやってみるというのもありだと思う。

都会の人を呼んでくるという手もある

また、文化的イベントを開催する人を都会から呼んでくるという手もある。

東京都西多摩郡檜原村のゲストハウス「東京ひのはら村ゲストハウス　へんぼり堂」は、もともとチームラボというIT会社で働いていた鈴木健太郎くんが、2013年に会社を退職してオープンしたものだ。元になる建物は築100年以上の古民家で、その改修作業は「みんなで古民家を改修しよう！」というイベントを開催してフェイスブックでたくさんの人を集め、のべ300人以上の人たちに手伝ってもらって完成したものだ。

檜原村は新宿から電車とバスで2時間くらいで到着するという位置にあり、東京の都心部からも気軽に訪ねることができる。へんぼり堂ではその立地を活かして、東京都心の人が手軽に田舎体験をできる場所として、週末ごとにさまざまな体験型のイベントを開催している。イベント内容は蕎麦打ち、こんにゃく作り、草木染め、陶芸、餅つきなど田舎によくあるものが多いんだけど、面白いと思ったのはヨガ教室だった。

このヨガ教室のインストラクターは都心に住んでいて、わざわざこの教室のときだけ檜原村に来るらしい。「それだったらわざわざ檜原村まで来なくても都心で教室を開催したほうが人が集まるんじゃないだろうか」と思ったんだけど、結構この檜原村でのヨガ教室は人が集まったようだ。

まず、ヨガはどこでもできるといっても、都会でやるよりも自然の豊かな静かな場所でやるほうが気持ち良いというのがある。田舎だとそこまで行く交通費がかかるかもしれないが場所代は安く済む。あと、そのイベントは単にヨガをするだけじゃなくて、檜原村にあるお寺で座禅をしたり、名所の滝を見に行ったり、夜は温泉に入ったり、田舎でしかできない体験と組み合わされていて、単なるヨガ教室よりもワクワクする感じなのだ。ヨガのようなその土地ではなくてもできるイベントと温泉や滝などの田舎ならではの観光資源をうまく組み合わせることで都会から人を呼べるというのは良いアイデアだと思った。あともちろん、都会から人を呼べるだけじゃなくて、ヨガをやりたいけど周りにヨガ教室がないという地元の人も喜んでくれるし。

田舎でしかできない体験には紅葉狩りとかキャンプとかジビエとかいろいろあるけれど、一番他のイベントと組み合わせやすいのは温泉だと思う。温泉は万能だ。あまり温泉が嫌いな人はいない。蕎麦を打ってから温泉に入るとか、陶芸をやってから温泉に入るとか、ライブを見てから温泉に入るとか、何と組み合わせてもいい感じになりそうだ。温泉がメインの目的の温泉好きの人にとっても、単に温泉だけ入りに行くより何かちょっと現地でやることがあったほうが楽しい、という需要はあるはずだ。ヨガ教室の例のように、都会では文化的なスキルを持っている人がたくさんいるから、そういう人にイベントをできる場所を提供して、田舎のほうまで来てもらうという企画は結構ありなんじゃないかと思う。

一つずつ必要なものをつくっていく面白さ

ここまでで見たように、田舎で何か文化的な要素がほしいとなったら、自分で何か始めたりとか、都会から誰かに来てもらうなどすれば、結構自分たちでつくっていける部分は多いと思う。

「bookcafe kuju」を作った柴田くんは「都会だと何でもただ消費するだけのことが多いけど、田舎だと生活に必要なものを自分たちでつくっていくことが多い。消費よりも生産のほうが面白いと思う」と言っていた。消費はお金を使ってそれをすぐに手に入れて終わりだけど、生産は何かを自分たちでつくっていくという、物を手に入れるまでの過程が面白い。あとみんなで何かをつくっていくと仲間意識が生まれて親しくなれるのもいいところだ。

柴田くんが「カフェがほしいなー、つくるかー、本屋も要るからつくるかー、あとパン屋もほしいなー」とか言いながら何もない田舎に店をいろいろオープンしていく様子を見て、僕が思い出したのは『ONE PIECE』（尾田栄一郎・集英社）という漫画だ。

『ONE PIECE』の主人公のルフィは海賊王になることを目指してるんだけど、最初はたった一人で航海へと出る。そしていろんなところで人に出会うたびに「コック？うちの船にコックほしいから仲間になれよ！」という感じで勧誘していって、コック、医者、船大工、考古学者、音楽家など、いろんな職業の仲間を一人ずつ船に加えていきながら旅を続けるのだ。

そんな感じでゼロから少しずつ町をつくっていくのは楽しいと思う。都会のように最初からいろんな店が揃っていてお金を出せば何でも買えるというのも便利だけど、何もないところから手作りで始めて一つずつ町に必要なものを増やしていくのも面白い。音楽が聴きたければどこかから音楽家を呼んでくるか自分で楽器を始めればいい。美味しいパンが食べたければパン屋をスカウトしてくるか自分でパンを焼き始めればいい。

文化をつくるというのは、基本的には自分が楽しいと思うことをやればいいものだし、仕事のようにそんなにきっちりやる必要もない。家をつくるとか米をつくるとかに比べれば、文化をつくるのはずっとゆるくて楽なものだ。そんなにクオリティが高くなかったとしても、それを一緒に楽しめる仲間さえいれば何でも楽しいものだ。だから、文化も自分たちでつくってしまおう。

第6章

「楽しい」をつくる

――「〜したい」をつくる

伊藤洋志

これまで防御の面の話が多かったが、人生はそれだけではつまらない。「手応えがあれば生きていける」(映画「かぐや姫の物語」高畑勲・監督)というのは実にその通りで、リスクヘッジばかりで手応えがない人生はつまらない。

たとえば何が必要か。朝起きあがったら、走って洗面台に向かえるような広くてモノの少ない家や、意味なく飛び跳ねても冷たい目線を浴びないあぜ道とかである。ほかにも毎日焚き火ができたり温泉に日常的に入れるとか、朝獲れた魚の刺身が食べられて、虫と動物の音しか聞こえない場所で眠れるとか、そういうことがあると生きている実感が得やすいような気がする(毎日だと飽きる、という人もいると思うが)。

フルサトならではのテーマを探究する

思うに、田舎の特長は、ビルとかじゃなくて直線がない自然物による複雑性のある景色だったり(植物や池など形や音に適度なノイズがある日本庭園のような景色に人間は快適性を感じるようにできているらしい)、身体性が感じられる行為がしやすい(焚き火したり、薪割りしたり)ところにあると思う。「お前それ、毎日やったら大変やぞ」という突っ込みもあるだろうが、都市に片足以上つっこんでいる人にとっては娯楽としてでもやりたい作業だ。定住している方が日常の労働としてやってる作業を自分だけでやるのではなく少しオープンにして、多拠点居住者も参加できるようにすれば、ちょうどいい作業量にしていけるのではないかと思う。素人でも続けていくと熟練してきて貴重な戦力になっていくであろう。そういう意味でも同じ場所に度々訪れるような多拠点居住は技術も蓄積しやすいのでよいと思う。都市は都市で不足があり、PCで数字や文字などの抽象物を扱う仕事が多すぎて、動物としての実感が得られる仕事が足りない。文字の発明をする前の人間は体を動かすことで生存競争してきた本能があるからマサカリ振ったら薪が割れた、というような直接的な結果の出る仕事が欠けると人間はしんどくなる。ウィンドウズ95がデビューした1995年以前は、キーボードを叩くPCによる作業は一般化していなかった。現代は人間の身体の設計上想定外な作業を長時間にわたってやっている状況だ。今問題が起きていないのはたまたま耐えられているというだけで、本来は不自然なわけだから定期的にリハビリが必要な環境だと言える。

だからといって、都市を解体して全部を農村にせよ！　というのは文化大革命やポル・ポト政権の例もあるように人類史で悲劇を生み出している。この線も筋が悪い可能性が高い。極端から極端に振れてそれっきりなのは人間の癖なのかもしれないが、ほどほどが21世紀のテーマなのではないかと思う。都市というのは人類に必要なものでもある。人が集まると効率があがる面も多いしインフラも維持しやすい。日本ではあまりやられていないが、火力発電所で沸かしたお湯を近隣の住宅に配管で回せば各家庭が暖房しなくてもよいから電気もつくれて暖房もできて一石二鳥である。これだけでかなり効率があがる（日本では主要な発電である火力も原子力もお湯を沸かして蒸気でタービンを回して発電しているが、沸かしたお湯の熱は捨てていることが多い）。他にもいろいろな特典がある。人の距離が近いということはアイデアの交換が激しく可能である。新しいアイデアを生み出して切磋琢磨しやすい。その一方で限界もあって、人が過密なので家賃が高いし、広いスペースを確保することが難しい。ビル一棟借りて、鉄工所とかギャラリーつきのシェアアトリエをつくろうと思っても初期投資がかかって大変である。なんでもかんでも融資を受けて売上を高めて回収していくというモデルばかりになるのがつまらない。都市計画によって立ち退きが発生することもあるし、何か長いスパンで場所を育てていくことに相応のリスクがある。建物も過密なので焚き火など危なくてやれない（東京都では条例で原則禁止されている。バーベキューは指定の場所でのみ可能）。もちろん、田舎といえど、有毒ガスが出るようなゴミを燃やしたりしたらダメだし、地面で直接火をおこしたらあかん。それでも、簡易な薪ストーブを囲んで外でご飯を食べるとかを思いついたらすぐできる。都市ではそれができない。キャンプ場を予約して、と段取りが必要になってくる。ひらめいたらすぐできる、というのはとても大事だ。火を眺めていると、それだけで気分が落ち着く。人類の歴史は火を扱うことから劇的に変わったという話があるぐらい人類の人類たる根源に近い行為と言えるだろう。なぜ火を見ると気分が落ち着くかは炎の揺らぎが人間が心地よく感じる波長だからだそうだが、そんなことよりぜひやってみてほしい。焚き火には、生きている手応えがある。

田舎は個別の家や集落が離れて存在していることが多いが、自律分散型のシステムの研究も面白いテーマだ。日本の場合の過疎地の多くは離島か山間地だが、山は水に恵まれているから沢の水を引いて浄水槽で濾過して飲めるようにしている。お風呂のお湯も太陽熱温水器で自宅の屋根でつくるシステムがある。エネルギーに関しては、電気エネルギーを使う道具を照明とパソコン関係、たまに電動工具ぐらいにして、風呂のお湯は薪や太陽熱でつくるようにし、電気暖房などの電気の熱利用といった効率の悪いことを止めればだいぶマシになるだろう。韓国のオンドルを日本でもできないか研究している知人もいる。この辺はまだ未開拓なところもあるので、自分の家で実験し、研究すると面白そうである。インドとか想像もつかない技がありそうだ。世界の技を調べてみたい。

他にもやりたいことはたくさんでてくる。ヤギを飼って雑草だらけになってしまっている耕作放棄地の草を除草してチーズもつくるという一石二鳥ができないかとか、養蜂をやってみたいとか。今は林業の間伐材は山から降ろしてくると赤字になるので山に放置されている。それを引き下ろしてきて茶室を建てたいとか、いろいろある。それぞれ「ヤギの世話どうするんや」とか、「丸太をどうやって山から降ろしてくるのか」とか様々なハードルがあるが、一個一個工夫していけば解決可能なものは多い。今は様々な技や道具をいろいろな人が開発して情報を公開している。高知県では小規模向きの架線設備（ワイヤーで木材を運び出す設備）を町工場が開発して個人の集まりでも買える値段で販売していたり、省力向きの農法（自然農ではない）や、石積み学校という団体がつくった石垣のつくり方を図解でまとめた本など、いろいろな知恵が入手できる形にまとめられている。情報はかなり探しやすくなっている。以前より圧倒的に、技術を向上させやすい環境が整ってきている。

ともすると経験値のある人ほど「めちゃくちゃ大変やぞ」と脅してくることがある

と思う。それが正しいこともあるが、しかしどう大変なのかということを具体的に聞いてみないと、それが真実味があるのか分からない。これまでの方法が大変としても他の方法なら案外簡単な方法があるかもしれない。何しろ昔はドリルがなく、キリだけだった。ウェブの世界でも、黎明期はＨＴＭＬをひたすら打たないとウェブサイトはつくれなかったが、今はTumblrやｗｉｘなど使えば簡単なサイトならすぐに構築できる。昔はノコギリでまっすぐ木材を切るのは至難の業だったが、スライド丸ノコという道具は個人が買える値段で手に入り、これを正しく使えば安全にかつ簡単にまっすぐ切れる。道具はかなり揃ってきているのである。大事なのは、よい道具を常日頃から探すことと、機会があるごとに試してみて有効性を確認しておくという地道な日常の積み重ねである。道具も名前が分からないと検索ができないから、知らない道具の名前を聞いたら、まずは検索して覚えておくのも大事なことである。板を切るのは「スライド丸ノコ」、ザラザラの木をつるつるにするには「電気カンナ」「カンナ」、ネジ状になった釘みたいなやつは「ビス」、これはＤＩＹ家具をつくるのには役立つ。「ビス」を打ち込むのは「インパクトドリル」、床板などを引き寄せるのは「内装用バール」が便利、などなどである。こういうのは筆記試験的に覚えるより、いろんなところの修繕作業を手伝いながら大工さんとかが使っている道具を見て覚えていくのがよい。

温泉掘るぞ！——老害問題を防ぐという一大テーマに挑む

温泉を掘るのも挑戦してみたい。上総《かずさ》掘りという、千葉県に伝わる人力で深い井戸を掘る技法があるのだが、保存会があって軽トラックで運べる機械であくまで趣味の延長として井戸を掘る活動をされている。温泉と井戸の違いは深さである。日本は掘ればだいたいの場所で温泉が出る。その深さが問題で、温泉掘りはいかんせんギャンブル性が高いものとされてきた。温泉掘削に乗り出して借金を作ったという伝説は各所にある。

大規模な温泉施設をつくろうと巨額投資するのではなく、上総掘りのような技法で手間だけかけてマネーはあえてかけずに掘る、というのは面白そうだ。かといって温泉が出るまでやりつづけると他のことができなくなるので、たとえば毎年7月は温泉掘り月間として井戸掘りを行事化していけば5年ぐらい経ったら温泉が出ないだろうか。ちなみに京都だと4mぐらいで井戸水が出るらしい（温泉はなかなか出ない）。こういうことを考えると普段の生活の中でも学ぶことが一気に増える。たとえば、最近では各地の温泉には地下何メーターから湧いているとか記載があることに気がつくようになった。どうやら地下800mから涌いている温泉もあれば地下200mのもあるし、スコップで掘ればすぐに温泉が湧く場所もあるようだ。また、雪のあるところであれば、積雪しているときに雪が早く溶ける地面の下は温泉が浅い地点から湧くらしい。こういった情報は、温泉を掘ろうと思わなければ注目しないから入ってこない。一個一個発見があって進んでいくのが自分でやることの楽しさだ。同じく「床張り」も一回やってみるといろんなお店や住宅に行ったときにそれぞれの床の仕上げや工夫が見て楽しめるようになる。

そんな「費用対効果の悪いこと」ようやりますね。「温泉地の分譲地を買って、家で温泉に入れる物件があるのでは」という突っ込みもあるかもしれない。だが、pha氏も熱海に温泉付きのマンションを100万円ほどで買ったことがあったそうだが「その後、管理費がかさんだためタダ同然で手放しました。やっぱ安い買い物はないんや……」とのことである。温泉付きのリゾートマンションなどは、販売価格は安いが、バブル期基準の管理費が毎月3万円とか高いと6万円とか、高いまま維持されていることが多いので、一旦買うと管理費を払い続ける義務が生じるところも多い。ある種のババ抜き状態にある。特にマンションは自分の一存では解体もできないし、解体するときも費用が発生するしでなかなかハイリスクである。何事も買うことには注意が必要だ。

それに自分の野望としては大規模な温泉を掘りたいわけではない。一度に10人が入れる小さいサイズでよい。その昔、戦後間もない昭和23年に早稲田大学理工学部土木工学科の学生が宮城県の鳴子温泉でボーリング掘削の実習を行い、なんと実習生7人で掘り当ててしまった温泉がある。そこは今でも早稲田桟敷湯という名の温泉として残っている。7人の若者が昭和23年の技術でもできたんだから、この時代に不可能ではないだろう。実際にやってみないと分からないことも多いが、こういうチャレンジリストはたくさんストックしておくと人生に飽きないですむ。

小規模だが質が高まってボルテージが上がる題材を見つける、それはビジネスというより趣味とか遊び仕事と認識されるものになるだろう。最初から規模拡大を目指すと投資がどうとか補助金がどうとかという話になりがちだ。それはそれでダイナミックさがあるので面白くもあるのだろうが、自分の意思とは関係ない事情で動きが止まったりと面倒なことも多々増える。小規模だが質が高まる、というのは、個人がバカでかいシステムに振り回されずに生きていくために重要な条件である。と同時に、実は今後の超高齢社会におけるテーマでもある。超高齢社会の問題の一部に、老害問題がある。私は、ごく一部の権力を持った高齢者が力を振りかざして被害を起こすという老害は、メディアで目立ちやすい大御所の社会的影響力の増大、高齢化による思考力の減退、さらには趣味文化の低下による暇の処理不能、この3点がセットになったときに発生すると考えている。仕事が生き甲斐みたいな人が大御所になって影響力は大きくなるのに地位への安住で判断能力が落ちてついていかない、しかし仕事での成功しか趣味がない。こういう条件が揃ってはじめて老害は起きる。若者の判断力のなさは、影響力が小さいので問題になりにくい。要するに若気の至り、ということである。また、歳を取るとだいたいの小さな目標は実現されてしまってやることがなくなる。そこで質の追究に転換できなければ、ただバカみたいなスケールアップしか目指せなくなる。もし追究したい趣味があれば隠居のタイミングを逃さずに済むのだが、無趣味だとやることがないから仕事に逃げる。新しい分野を開拓したり質の追究に行けばよいが、だいたいは陣地取りゲーム状態になっているなじみの分野ででかい仕事を続け、若手の活躍の場を奪うだけの結果に陥る。粗くまとめるとこれが老害の仕組みである。老いてなお新しい分野を開拓する素晴らしい人もいらっしゃるが、一部の老害はまともに老年期を過ごされている方の功績をぶちこわしてあまりある被害を出すのである。

老害を防ぐ意味でも、手間がかかるが小規模で質が追究できる題材をたくさん持っておくことは人類がこれから超高齢時代に進む中で非常に重要になってくる。なぜ盆栽があんなに小さいのか。歳を取って庭いじりするのは大変だが、盆栽ならできる。だから続けられる。続けられることは何より大事だ。さらに小さいので盆栽は樹齢200年とか江戸時代からのものもあるぐらい長く引き継いでいける。書道は墨と紙だけで質感と情報を紙に圧縮できていて省エネルギーだ。老いて自分の作品だとか言って、バカでかい建造物とか変な制度や事業を建立されるのは非常に迷惑である。書道などの趣味は何より身体を使うので、容易に究められない。そこがいい。時間がかかるほうが暇つぶしにはよいし、生活の中で美を追究することは世間との接点も持ちやすい。そこで大事なのは、書を書くなら書くこと自体を目的にすることである。うまく書いて褒めてもらおうとか、狭い業界で評判を得たいなどと考えていると本末転倒だし、来訪客に自分の作品を無理やり見せたりして迷惑がられるのがオチなので、せめて老年期までにはつまらん承認欲求を軽々と無視して技芸趣味に没入できる枯れた境地を目指したい。そのためには若いうちにやれることをやっておく必要がある。我慢しすぎると結局、老年期に己の承認欲求と格闘する羽目になる。幼児ぐらいのころは評価など気にせず絵が描けたはずだが、容易にできたことをどう取り戻していくのかというのが真の意味で大人になるということかもしれない。先は長い。

何かもう隠居するみたいな話になってきた。私は「若いうちから体を使う趣味を準備しておきなさい」と人生の先達からアドバイスを受けたことがあるが、確かに長続きする趣味は練習が必要だ。身体が動く若いうちに隠居の準備をしておかないと間に合わない。それには、同時にフルサトを早いうちからつくっておく必要もあるのではないかと思う。隠遁と草庵が昔から文人の最終到達地点のセットであったわけだし。

古代の人たちもフルサトをつくっていた

中国の王羲之《おうぎし》は、書道の開祖みたいな人だが、もともと地方行政の長官だった。中央官庁の勤務を断り続けたものの一度は中央に就職するが、すぐに地方勤務を願い出て地方に行ってしまう。さらに、仲の悪い人物が上司になって嫌がらせをしてきたのを機に辞めてしまう。そこで「山水に遊び、服食養生の道を楽しんだ」そうだが、ようするに田舎暮らしをして釣りをしたり、山への散策を楽しんで健康に良くてうまいものを食べ、早寝早起きしていた、ということだろう。その生活に書道があった。

同じく漢詩で作品を残した陶淵明《とうえんめい》も、稼ぐために下級役人をしていたが、どうにも耐えられずやめてしまい、田舎に隠遁して農業をして暮らした詩人である。書いていた詩も「宮仕えは窮屈でしんどい、ようやく職を辞して野山で暮らす理想の暮らしにたどり着けた」とか「油断したら畑が雑草ボウボウになってしまって、草むしりをした、うまく収穫できると良いが」とか「造った酒を漉《こ》して、鶏をつぶして、近所の人と宴会をしてたら、楽しくてもう朝方になってしまった」（以上イトウ意訳）と詠んでいる。西暦300年代に既に都会の勤め暮らしが耐えられない（が一度はやっている）人たちがいたということである。会社勤めに不適な人はいつの時代にもいる、ということなのだが、彼らが出世競争から距離を取るために自給的な生活を送るだけではなく、さらに各々の技芸を持っていたというのが実に示唆深い。一度の都市生活のあとの田舎暮らしには技芸を磨くという要素がついている。そこはかなり大事な点なのではないか。

隠遁的な話が続いてしまったが、何か技芸を究めるという意味ではフルサトは非常によい舞台になると思う。最初の手習いはよい師匠が必要なので、もしかしたら都市にいる間に習う必要があるかもしれない。要するに都会と田舎どっちも必要である。

まだ自分自身は、そこまで隠居時代が近いわけではないので、もう少し現在のよい変化について書いてみたい。熊野の家が整備されて、2013年の8月に仮完成したあとは一回につき2週間から1ヵ月ぐらいで滞在するようになった。特に冬に1人で滞在したときに思いがけない変化があった。もともと冬は寒いと思っていたのであまり行くつもりがなかったが、冬は虫がいないからとにかく音がしない。この本もかなりの部分は熊野の家での滞在中に書いたのだが、集中力があがる。暑くないのがいいのか、静かなのがいいのか分からないが、とにかく集中力があがる。確かに寒い時期は何かまとまったものを出力するのに大変向いている環境だと思う。文学者に北国出身が多いのは気候のせいかもしれない。以前、原稿を書こうと思って京都に滞在したことがあったのだがあまり進まなかった。やはり都市は遊びにいくところも多いし、外食もできたりと集中力が切れがちであった。まあ、特に京都は学生時代を過ごした関係で友人がいるのでつい遊びに出かけてしまうし。熊野も友人知人はいるが、思い切って出かけないと出会わない。時間にしたらどちらもそんなに違わないのだがやはり物理的に距離があるのは大きいのかもしれない。これは田舎の中でも過疎地だからだろう。

そして、人工音の少ないところで暮らしているとよく眠れる。また、日中は日当たりがよい場所があるので、そこで原稿を書いていると自然の暖かみがとても気分がよかった。日が陰ると寒いのだが、マグロ漁船用の靴下を装備し、それなりの服装をしていたのもあり風邪も引かなかった（人口密度が小さいからインフルエンザや風邪に感染しにくい）。日中の寒暖差に慣れきってしまったからか東京に戻ってきても風邪を引く気配がなく冬を越せた。人工暖房なしで太陽光で暖かくなって、緩やかに寒くなるという日々を暮らしていると案外寒さに丈夫になるのかもしれない。暖房が利いているところから極寒の外に出るというのを繰り返すのはなかなか負荷が大きい生活である。

ほかにも変化があった。東京に戻ってくると、音が鮮明に聞こえるようになった気がする。音を分解して聞こえるようになった。他にも関連性があるのか分からないが、太極拳のような動きが日常にできるようになり、動作に無駄が減った。無理やり喩《たと》えると、立ち上がると同時に茶碗と箸を片手で持つ、しまうべき調理道具を右手で持ち、左手で戸棚を開き始めると同時に少し開いた戸の隙間に流し込むように道具を滑り込ませるとか、一つの動作で二つのことをやる、みたいな動きである。

何を言っているか分からないかもしれないが、ようするに、身体感覚が変わったのである。修行と称して山ごもりする達人的な人が現実とフィクションどちらにもいる。

以前は、武術家が熊と戦うとか凄みを増すためのハッタリのためではないかと思っていたが、都市の道場でなくわざわざ野山を修行の場に選ぶのは、何か具体的な意味があるのだろう。たまに尋常じゃなく自然が溢れる場所に滞在することは、都市生活であんまり引き出されていない人間の身体感覚を引き出す効果があるのかもしれない。これはフロンティアを感じるテーマだ。まあ、そんなに仰々しいことを考えなくても、静かな山深いところで過ごすのは豪華ではないがとても贅沢な時間の過ごし方だろうし、より新鮮な気持ちで都市の生活を送るためにもよいことだと思う。

田舎はチャレンジするスペースが空いている

こんなかんじで、田舎に滞在して仕事などしながら過ごすのは有意義であることが自分の身で実験できたところで、中山間地の集落に20年以上使われていないビルを借りることになった。そこは、昔は農協や役場の出張所として機能していたのだが役目を終え空きビルになっていた。集落の中心地に空き物件があると少し寂しい感じがするので、誰か使わないか、ということになり借り受けることになった。声をかけてもらったのは、長らく通っていたから信頼性が育ってきていたのもある。特に何をしたわけでもなく小さいナリワイをつくって家を借りて寺小屋をやったりしていたぐらいだが、小さいことでも何か実績があるのとないのとではかなり違う。

借りて何をするのか、というのは借りる前に簡単な企画書を提出したのだが、まずは自分の身で実験して、田舎に滞在して仕事をするとはかどることが分かったので、1週間とか2週間滞在して仕事ができるシェアオフィスをやろうと思っている。1階が5部屋の倉庫と2階が元店舗と3階オフィスという3階建ての小さなビルなので、ほかにも美術作家が長期短期滞在して作品をつくる場所にしたり、いきなりお店をやるのは難しいだろうけどイベント的にカフェを開いたり、展示会ができたらどうかと考えている。「遠いから人が来ないのでは？」ということを考える方も多いと思うが、かといって何人来ればよいのかを検討する人は少ない。まずそこからである。それに、相当の僻地といっても日本は狭い国なので、最寄りの市街地へはせいぜい30〜60分以内で、これは車であれば土日遊びにいける射程圏内である。お店をやるにしても店番と同時にできるネット販売などと組み合わせると店頭が倉庫にもなるので一石二鳥で継続しやすいかもしれない。来る人が少なければ少ないなりにできることを考えればよい。少ないなりにできることという意味では今計画しているのは、宿泊ができる本屋である。本屋なのだが、ロッキングチェアやハンモック、薪ストーブ、コーヒーメーカーなど家具や備品も含めて読書のために特化した宿泊空間を用意して、本屋から選んだ本を持ち込んで泊まれる。宿泊費には3000円分の本代が含まれているので滞在中に気に入った本は持ち帰れる。こういう形だと、たまに人が来るだけでもOKだし、遠いほうが隠遁感があってむしろ魅力的である。あるアニメ映画監督は、作品が完成して一旦体力を使い果たしたら1〜2ヵ月山にこもって何もしないで過ごすらしい。

目指せニンジャ幼稚園――田舎ならではの教育を考える

山奥に滞在してみて少し身体感覚の変化があったので、最近は教育についていろいろ考えることが増えてきた。同時に、動画配信の質の高い教育講座が急速に普及してきた。もはや理論をレクチャーするタイプの授業は講師によって質にバラツキのある集団講義じゃなくて動画で聞いてしまえばよい。人から直接教わるのも大事なので、それは別途集中的に実習や研究を現場で行う。動画配信と合宿の組み合わせの教育を行えば、これまでの教育機関の内容を超えられる可能性は十分ある。こうなってくると教育においては環境をどこまで準備するかが大事になってくるだろう。たとえば淡路島に「里山フィールド淡路島マンモス」という子供の遊び場があるそうだが、ツリーテラスもあるし、7mの巨大なジャングルジムなど自然素材の遊具と空き地があって子供が体を動かして過ごせる場所になっている。子供時代に、こういうところで過ごせるのは身体感覚が鍛えられるし、良いことであろうと思う。思い返せば、小学校のときにも運動場の端っこにタイヤとか土でつくられた人工の山があったが、登り降りするのはスリリングで楽しかった思い出がある（今は危険だからか撤去されていた）。

子供の教育といえばすぐに英語教育が話題に上がるが、身体感覚を鍛えるのは子供時代にこそ大事なことだろうと思うので、遊び重視の幼稚園や小学校があってもいいと思う。座学は動画配信で短く済ませて、あとは運動して遊ぶなり、昆虫の観察をするなり、科学研究をするなり、木工をするなり、ファミコンをするなりする（ファミコンからスタートしてゲームの歴史を辿る）。結局長い人生で心身のバランスが大事なんだし、知識を得る時間が圧縮できるようになってきているのだからその分、年に数回長期でどこかに調査に行ったり、何かまとまった技を体得したり、子供の可能性を広げるチャンスは増やせるのではないだろうか。

第4章にも書いたが、竹から竹に飛び移る遊びとかができて、園児が牛若丸のように身のこなしが素早い幼稚園とかあったら面白いのではないかと思う。立地は平地だけじゃなく裏山も含めて遊び場になっているような地形がよい。こういう話があると危ないからできない、無理、という話になりがちだ。裏山で迷子になるという懸念があれば、GPS付きのバッジとかを園にいる間だけつけてエリア外に出ると警告音が出るようにしておけばリスクを回避できる。様々な技術を活用すれば野放しではなく自由がある環境もつくれるのではないだろうか。もっとも自分の園児時代に不満があるわけではないが、木登りはできるようにならなかったので、登れるようになっていたら面白かっただろうなとは思う。大人になってもできるが、身のこなしは早いうちからやっておくにこしたことはないと思う。三つ子の魂百までである。

実際やるにはいろいろ検討することはあるだろうが、これらは取り組むに値すると思う。自然環境が大事な要素の企画なので、フルサトでチャレンジしがいのある題材だと思う。東京にも奇跡的に残された自然のある場所で開かれている幼稚園や保育園もあるが、入れる人数も限られている。待機児童がなんで多いかというのは、規制が厳しすぎて保育事業に新規参入できないこともあるが、まずもって土地や家賃が高すぎて場所が確保しにくいという問題がある。やっぱり子供は何よりもまず生き物なので、自然があるところで過ごしながら人間社会のことも緩やかに学んでいったほうが順番としては妥当だと思う。だから、たとえば子供が小さいうちはフルサトをメイン居住地にして、子供が大きくなったら家族の事情に合わせて移動しても良いと思う。

モンゴルの友人は、自分の子供（3歳ぐらい）は田舎の祖父母や親戚に預けて本人は都市で働いていて、休みの期間に会いにいったりしている。田舎のほうが都会より空気がきれいだからというのもある。子供の生活ペースと引退気味の祖父母世代の生活ペースは実は近くて、若い親世代は効率が求められる仕事に打ち込む時期なことが多いのでこの役割分担はある意味合理的だ。この場合は、自分の仕事を中心に過ごして歳をとって祖父母になって活動ペースがゆっくりになったら、今度は自分が孫の面倒を見る、というサイクルになっている。

日本では多くの場合、子育てをする時期が仕事の役割が大きくなる時期と激しくバッティングする。かけ算的に子育てのハードルが上がることになりそうだ。たとえば子育て3で仕事も3のハードさだとしたら、物事はそれぞれが同時にやることになれば9のハードさになるものである。今のところ行政サービスでカバーしようという方向になっているが、それを待っているだけだと間に合わなかったりして対応しきれない場合もある。統計でも明らかなように、育児が時間的にも費用的にも重い負担になっているのが少子化の主要な原因だ。それを公費で補塡しようということである。ただ「効率重視の場所である都市」で「効率を求められない子育て」を両立するというのはそもそも環境としても難易度が高いのかもしれない。市中の山居ではないが、本来は都市にも効率を重視しないフルサト的な余白をつくらなければならない。ドラえもんに出てくる空き地のような金銭的価値を生まない空間である。マンション建設前の数カ月の空き地とか都市に空き地がないわけではないが、企業としてもトラブルが怖いし利益は生まないしでなかなか開放されない。

夏休みの間だけでも長期間田舎で過せるようにしたり、子育て期間だけ田舎で住むとかでもいいかもしれない。であれば夏休みの間だけでも自然あふれるエリアに住めるといい。フルサトと都市の移動がスムーズにできるようになればだいぶ余裕のある社会になるのではないかと思う。昔の人の年表を見ていると、一年単位で療養したり、自分の研究に打ち込んだり、経験値を積むために放浪したりしている。弘法大師空海（774〜835年）は、大学に行った後に空白の数年間があるし、別府温泉と湯布院温泉を観光開発して有力な温泉地にした油屋熊八（1863〜1935年）も、35歳で事業に失敗して財産を失った後に3年間アメリカ大陸を放浪している。イサム・ノグチ（1904〜1988年）も1年ぐらい北大路魯山人のところで作陶していたらしい。私の知り合いの無名のおじいさんも若い頃は都会で大工をしていたが戻ってきて兼業農家大工をしていたりする。ぶっ通して同じ場所と組織で働いて暮らし続けるというのは、比較的最近の流行だったのではないか。

先人を見習って仕事のペースが緩やかになる時期をつくろう。構想を練ったり歴史を振り返る調べ物をするなど静かに素材をためる時期にして、人生の時期によってテーマを切り替えられれば、各人に合ったよいペースになるのではないかと思う。なんやかんや仕事をし始めて30代半ばになると忙しくなりがちで、物事を深く考えたり、調べたりする時間は取りにくくなる。下手に売れっ子になるとアイデアの素材の入力が減ったり、長期スパンの仕事に取り組む時間が取れなくてアイデアが枯渇するというケースもある。若いうちに有名になりたいとか考えてもしょうがないので、たまに業界とかそういう世間から時間的にも空間的にも離れるのは、息長く仕事をしていくためによいと思う。

もちろん現状では一旦企業を離れると戻りにくかったりするので、子育てが一段落したらまた再び適切な待遇で雇用できるように制度と雰囲気を変えられるかなど、さまざまな修正が必要である。長い目で見ると働くことの柔軟性がないと多くの人が疲れてしまってそれぞれの人生の質が下がるし、体調不良にもつながって医療費も増える。人の活力が落ちれば企業の活力も落ちる。これまでは地理的な高齢化や過疎化が問題視されてきたが、今後は企業の高齢化問題が顕在化してくる。過疎化する企業が出てくるだろう。今の雰囲気だと育休にしても誰がサボっているとか誰が悪いとか批判合戦になって全員がしんどくなる。そもそも親単独で子供を育てる責任を負うとなれば限界があるのだ。できれば自分が歳をとったらローコストに暮らせる場をどこかにつくって誰かの子供の面倒を見るぐらいのことができたらよい。そこで血縁関係なしでどうやって子供の面倒を任せられる関係性をつくるか、これが次の課題だと思う。自分の孫しか面倒を見る対象にならないようだと、選択肢が少な過ぎるから親子の仲がよくないと即アウトで窮屈だしうまくいかない。具体的な方法はまだ思い浮かばないが、今後の課題として考えていきたい分野である。

ヨタヨタのジャンキーと健康優良不良少年

日常的に使われるソーシャルメディアが普及するにつれて「デジタルデトックス」という言葉が出てくるほどに弊害も出てきた。時間が空いたら、空いてなくてもやるべきことがあるのについついスマートフォンを触って情報を摂取してしまうという症状である。ようするにネットジャンキーになりやすくなってきた。以前よりもツールが日常化して使いやすくなったし、種類も増えたのでハマりやすくなったということである。まあ人間何をやっても暇つぶしだと思えばそれでもよいのであるが、やめたいと思うのにやめられない、という状態になったら確かにジャンキーである。ぶっ続けでやってもなお楽しくて仕方がない、という人はその方向で才能があるかもしれないのでよいが、たいして楽しくないのに惰性でやってしまうのであれば問題である。

しかし、世の中を見渡してみると、様々なジャンキーが存在する。延々と転職情報を集め続けて行動しない、というのは転職情報ジャンキーであるし、使わない資格を取り続けるのも資格ジャンキーである。使わないのに一気に買い物してしまうというのも消費ジャンキーだし、他人の悪口を収拾して話すのがやめられない、というのも罵詈雑言《ばりぞうごん》ジャンキーであろう。

これらの原因は共通している。「暇」である。たとえば、悪口が多かったある村（企業でもよい）があった。あるきっかけがあって仕事が生まれたら、陰口が減ったという。ようはそんな後ろ向きのことをする暇がなくなった、ということである。このように私はジャンキーの主要な原因は他にやることがないということにあると考えている。デジタルジャンキーが生まれやすいというのは個人的にはスマートフォンなどのデバイスやツールの問題だけではなく、他に刺激的なことが無いからだと思う。多くの人にとって一見刺激的なように見えて都市の風景は視覚聴覚どちらの面でも退屈である。そのかわり看板広告などの記号情報が多い。路上観察とか何か趣味が無い限り、直線的な建物が並ぶだけなので複雑性が圧倒的に足りない。人間はもともとの体の設計から、密林の中で獲物や果物、外敵を発見するようにできているはずだ（現生人類が登場して以来、遺伝子で規定された体の作りは大して変わっていない）。だから自然の複雑な環境からの情報を得るための感知能力を持て余してしまう。退屈していた人類に比較的情報量が多いソーシャルメディアが登場したらどうしても引き寄せられるということなのではないだろうか。複数の人が同時多発的に様々な角度の情報を発信している中から、自力で取捨選択していく。これまでのメディアよりも野生環境に少しは近いのではないだろうか。それがちょうどいい感覚でコントロールできる人もいるのでそれはそれでよいとして、チューニングがうまくいかないとメディアジャンキーになってしまう。繰り返しになるが、ジャンキーかそうでないかの違いは惰性で見てしまうかどうかの違いである。

pha氏がブログに「熊野にいると不思議とそれほどインターネットしたくならなかったけど」（「田舎はオープンワールドRPGみたいだった」phaの日記より）と書いていたが、それは田舎にいると景色が複雑だし（人工林が多いとはいえ）、鹿の鳴き声は風とか自然音のノイズの中から聞き耳を立てないと抽出できないから、五感の満足が得られるからだと思う。おそらく現在の都市生活には人間が持っている五感能力はオーバースペックなのだ。無音空間に人を放置するという拷問が存在するぐらいである。五感能力をフルで使うように本能がセッティングされていたから自然の中で人間は他の生物との生存競争で生存してこれたわけだし、人間（恐らく他の生物も）はもともと複雑性の高い情報を積極的に摂取したくなる生き物だということなのだろう。そのへんの制御がきかなくなったときにジャンキーになってしまうので、たまにフルサトに行ってチューニングするというのがよいのではないか。ライブ前に楽器のチューニングをするように。ということは、都市はライブ会場みたいな場所なのかと思う。毎日いると疲れるのももっともかもしれない。まあ、東京にも下町みたいなところもあるし、一概には言えないが。

「都会は冷たい、田舎には刺激が無い」を超えて

さきほど、実は都会は景色が単純すぎて五感能力がオーバースペックになってしまう、と書いたが、むしろ「田舎は退屈」という見方のほうが多い。美術展覧会がない、ライブが無い、文化的なものがない、規格化されたチェーン店しかない、というのがその理由である。しかし、日本のかなりの人が都市文化を摂取する機会を既に得た。特に20代、30代の大抵の人は東京に行ったことがあるのではないか（修学旅行も含め）。だから、必要な文化をつくろうと思えばつくれるはずなのである。

いやいやそんなの難しいでしょう、という意見もあるかもしれないが日本は全国各地に美術館や博物館がある。各県に一つはかならずあるし、ちょっと大きい市にもある。現代的な美術館がなくても大きいお寺や神社はある。それらがうまく運営されていれば、かなり文化的状況はよいはずである。設備的な条件は整っているのだから、あとは人とアイデアの問題であると思う。音楽や美術の専門教育を受けた人も多くなっている。昔は一子相伝的なところも多かったが、現代は情報がかなり公開されている。であれば技術を磨く時間と材料費と活動場所があれば何か独自の文化を生み出す

ことも可能なはずだ。これらの条件をローコストで揃えることは、この多拠点居住でかなりクリアされることはこれまでも述べてきた。最終的には充実した生活を送りたいというのが人間の願望であり、マネーなどはそのツールの一つである。充実した生活というのは、現代においては衣食住の質的転換だと思う。多拠点居住は、生活の質的転換に対してかなり強力な手段になりえる。何も全員が住む場所を二つ以上持つべきとは思わないが、困ったら滞在できるような関係性の場所を持つことはあらゆる人にとってよい効果があるのではないかと思う。地震の活動期に入ったともいわれる日本において、住む場所のバックアップを持たないことのほうがむしろ普通じゃない。住むことに関しては発想の転換が必要だ。一人が1年住むのと、12人がそれぞれ1カ月住むことは人口としては同じである。北欧にあるようなサマーハウスの集まる島のように、夏だけ300人いてほかは定住者が6人だけ、というところまでいくとちょっと極端な気もするが、年間を通して住める場所があって、夏に一時的にでも住む人がいれば、そのうちの何人かは長期に住む可能性が高められる。1日訪れただけで「そこに定住するぞ！」と決められる人は少ないが、1カ月住んでみたら雰囲気が分かるだろうから、だいぶ違う決断になると思う。今やっている移住者を増やしましょうというIターンフェアというのは、いくら情報を尽くして説明しても昔風にいえばピクチャーブライド（写真だけで決めるお見合い）と同じである。就職面接と似ている気がするが、このやり方は現代では難しいと思う。ましてや「骨を埋めろ」という条件だけを突きつけるのは無理がある。それに多くの人にとって、ひとまず1年間住んでみたらずいぶん長く住むことになった、ということのほうが妥当な流れだと思う。

そもそも人口が減少するにつれて空き家が急増していて、相当なお金をかけて蓄積してきた住宅資産が無駄に朽ち果てようとしている。定住にこだわると、手が回らないと思う。私は空き家を修繕しまくっていたからか、本書を書いている間に日本の各地から空き家があるのでなんとかしてくれ、場合によってはもらってくれ、という申し出を受けるようになったが、それぞれを自分だけで管理しようと思ったら手が回らないから、他人と家を共有していかないと使い切れない。使わないと家はすぐ朽ちる。5年あればベニヤの床はジャンプしたら踏み抜けるレベルに劣化する。

現在の状況は、空き家が急増していて、しかも人口が増えない状況を考えると、もはや家を持っていることよりも、住むことのほうが価値を生み出すといえる段階に来ていると思う。この際、逆家賃を発生させてもよいかもしれない。つまり、住むこと自体が仕事になるような状況である。たとえば空き家は修繕の材料費＋αぐらい払っても住んでもらって、住みながら手入れをしてもらい物件を蘇らせてもらって一定期間後に返してもらう、とかそういう工夫があってもよい。家主はローコストで修繕ができ、借り主は修繕することでお金をもらいながら一定期間住むことができる。こういう発想の転換ができないと家はただ朽ちて解体費用ばかりが増えることになるだろう。東京ですら家主が気力や資金がないため放置されている空き家を見かけるぐらいだ。

文化的に保存しなければならない茅葺きの家も、囲炉裏で焚き火をし、いぶして防虫、防腐をしないと通常40年の茅の寿命が10年とか極端に短くなってしまう。茅の葺き替えには数百万円かかることを考えると、これも住むだけでかなりの価値を生み出していると言えるから、茅葺き守みたいなかんじで住むだけで仕事になるような仕組みがあったほうがいい。ずっと住む人を探すのが難しいなら、3カ月で4人とか交代で管理人を回していくというやり方でもよいかもしれない。

町全体の話で言えば、目利きを呼んでお金を払って一定期間でも住んでもらうことでその町の隠れた文化的な資産を発掘する、という工夫があってもいい（目利きの選び方を間違うと失敗するだろうが）。実際に兵庫県豊岡市は文学作家を招いて小説をつくる企画を行ったそうである。

人が定期的に移動するのには偏見を解くのによい。人は田舎にずっといると「都市は冷たい人ばかり」とか「田舎はたくましいが、都会は運動不足」などと偏見を持ってしまうことがある。しかし、実際のところそうでもなく、たとえばわが故郷、香川県は、車社会が行き過ぎて運動不足もあって糖尿病による死亡率が一時期は全国1位になってしまった（うどんのせいとも言われるが）。500m先のコンビニに行くのにも車に乗っていってしまうことも珍しくはない習慣だ。都市は、視界に入るものは人工物が多いものの、車を置く場所がないから地下鉄に乗ったり自転車に乗ったりして意外に人々は運動していたりする。

このような偏見は人間が物事を自分の頭で考える妨げになる。移動することは差に気がつくチャンスが増えることだから、現物をちゃんと見て物事を判断できるようになると、かなりまともな世の中になるんじゃないだろうか。

世紀末延長戦を生きる身としては、「フルサトをつくる」ことは、しぶとく生きていくための作戦である。一つ一つ時間をかけて、自分たちの手で複数の拠点をつくり、それぞれのネットワークを構築する。自分以外の「フルサト」を訪ねて各自の工夫を共有したり、連携を図れるとかなり丈夫な生活体系になると思う。なんてたってゲリラには巨大なシステムに巻き込まれないネットワーク状の拠点が必要だ。なんなら国外の田舎でもいい。

これは人類の発明品「都市」を使いこなすための田舎暮らしという意味でもあるし、閉鎖すると硬直化しやすい人の集団というものが、変化を続けるための取り組みでもある。

この試みが都市と田舎（この二分法もいずれ融解すると思うが）の双方にとってよい影響があるような形で続けられたらと思っている。

第7章

フルサトの良さ

――多拠点居住の意義

pha

都会と田舎を往復する暮らし

洪水でボロボロになった家を約半年かけて自分たちで改修して、なんとなく家の7割くらいは完成してとりあえずの生活ができるようになったので、ときどき東京から熊野に行って滞在している。

滞在中何をしているかというと、別に特別なことはしていない。ごはんを作って食べて本を読んで文章を書いて寝るといった、東京で過ごしているのと同じような生活を東京よりも少しのんびりした感じで過ごしているだけだ。

熊野はとにかく家も人も少なくて静かなのが素晴らしい。天気のいい日に朝起きて外に出て、日光を浴びながら家の周りの山々を眺めていると、「あー、ここは天国だ」という気分になってくる。屋根の上に寝転んでひなたぼっこをするのも気持ちいい。聞こえてくる音といえば、ウグイスがホーホケキョって鳴く声や、トンビがピーヒョロロって鳴く声くらいだ。

夜は夜で虫の声しか聞こえない。あとはときどき遠くで鹿の甲高い鳴き声がするくらいだ。明かりが少ないので星がたくさん見えるし、月の明かりってこんなに明るかったんだっていうことに気づかされる。月が照っていればその光で影がくっきりできるくらい明るくて、夜道を歩いても道を踏み外したりしない。

熊野にいると生活リズムが健康になるのを感じる。夜はよく眠れるし、朝は気持ちよく自然に目覚められる。多分、夜はあたりが真っ暗で店もなくて、起きていてもあまりすることがないので早めに眠くなるからだ。これが本来の夜だという気がする。熊野にいるときに都会の感覚で「今は夜の12時くらいかな」と思って時計を見るとまだ夜9時だったりする。明るいときは活動して暗くなったら家で休むというサイクルが自然にできる感じだ。

あと、近くに他の人の家がないというのはとても解放感があって気楽だ。家の前で焚き火をしたりも気軽にできる。大きな音で音楽を聴いたり楽器を鳴らしたり外で散歩しながら大声で歌ったりしても誰にも何も言われない。そういうのは都会では絶対にできないことだ。

そんな環境の良さのせいか、熊野に来るとなんか元気になる感じがする。だから定期的に通ってしまうんだと思う。

まあ、いいことばかりではなく不便なこともやっぱりある。夏は家に冷房がない上に、屋根の下に天井を作っていないため家に断熱性が全くなくて、昼間は物凄く暑くて死にそうになる。そういうときは近くの冷房の利いている道の駅などに涼みに行ったりするんだけど。夏は虫の量も多くて夜は家に侵入してこようとする虫との戦いだ。ガとかコオロギとかはまだいいんだけど、刺してくる危険性があるハチとかムカデを家の中で見つけるとかなり怖い。なんでムカデは人のふとんの中に入っていたりするんだろう……さあ寝ようというときにムカデを見つけると本当にびっくりするのでやめてほしい。

冬は虫がいないのはいいんだけど、家が広くて隙間だらけなので物凄く寒い。家の中をなんとか暖かくしようとして、最初は薪ストーブがほしいと思ってたんだけど、壁や天井に穴を開けて煙突を通すのは結構な大工事になってしまうので見送って、かといってエアコンなどで気密性のない大きな木造家屋の全体を暖めるのはかなり無理がある（たくさん設置すればできなくはないだろうけど電気代がたくさんかかるだろうし、それはなんかちょっと趣旨と違う感じがする）。結局は家の中に大きな蚊帳のような断熱テントを吊ることでだいぶ過ごしやすくなった。テントは要らないカサの布地を再利用してテントなどを作るアーティストの人にお願いしてカッコイイやつを作ってもらった。

しかし風呂がまだ壊れたままなので、風呂に入るのに車で20～30分かけていちいち行かないといけないのも不便だ。風呂に限らずどこに行くのも車に乗らないといけないのは結構めんどくさい。

熊野には店もあまりないし、数少ない店も夕方5時か6時にほとんど閉まってしまう。熊野に2週間もこもっていると、徒歩でコンビニに行ってお菓子を買ったり、夜中にふらっとラーメン屋に行ったりする都会の生活が恋しくなってくる。たまに「コンビニ行きたい！」って思い立って熊野の家からバイクを30分飛ばして山を下りてコンビニに行くんだけど、店内に入ると情報量の多さや自然にはあり得ない色彩の過剰さに頭がくらくらしそうになる。「東京だ……ここに東京がある……」って気分になる。ただの地方のローソンなんだけど。

まあ都会も田舎も一長一短あるものだ。だから都会と田舎をうまく繋いで両方の良いところを生かしたいし、そのためには都会と田舎に複数の拠点を持って連動させるのがいいと思っている。

都会は家賃が馬鹿みたいに高くてみんな狭い部屋に押し込められるように住んでいるのに、田舎では家が腐るほど余りまくっている（家は本当に物理的に腐る）。これはやっぱり何かバランスが悪いと思う。田舎には僕らが改修したような空き家はたくさんあるんだから、それをなんとかしてもっと活用できないだろうか。

都会への人口の集中の歴史

都会と田舎の関係性や故郷という概念について、歴史的なことをちょっと考えてみたい。

かつて、江戸時代ぐらいまでは日本人のほとんどは農民だった。それが明治時代になってから、資本主義というものが国に導入され、都会で工業や商業が発達して、田舎の人が少しずつ都会に働きに出るようになった。

うさぎおいし　かのやま
こぶなつりし　かのかわ

という自然が豊かな故郷への郷愁を歌った文部省唱歌「故郷」が作られたのは大正時代の初めのことだ。都会に人と資本を集めて産業を発展させようという国の方針もあって、その後どんどん都会への人口の集中と農業（林業や漁業も）の衰退と田舎の過疎化は進んでいった。

最初のうちは田舎の若者が都会に働きに出たとしても、田舎にもまだそれなりに人は残っていたので、「帰るべき故郷」というものが残っていただろう。だけど都会への人口の集中と田舎の過疎化が進むにつれて、だんだん村という共同体が維持できなくなってくる。最初は田舎から一時的に都会に出稼ぎに出てきているつもりだった人たちも、都会に定住してそこで新しく家族を作りはじめる。都会で生まれて都会で育ったので田舎にある故郷というものをほとんど知らない人間も増えてくる。そうして文部省唱歌で歌われたような「故郷」という概念は少しずつ姿を消していった。

今の日本では地方の過疎化に加えて日本全体の人口の減少と高齢化が進み、田舎は年寄りばかりになってしまっている。この高齢化、過疎化という大きな時代の流れはもう止められないだろう。それならば、それを逆に利用するしかないんじゃないかと思う。社会というのはおおむね保守的なものだから、追い詰められないと変わらないものだ。逆に言うと追い詰められたときこそが変化するチャンスだ。過疎化を逆手に取って考えれば、過疎化が進みきった地方は人があまりいないからいろんなしがらみが少なくて、やる気さえあれば新しいことを何でも自由にやりやすいと考えることもできる。

今の日本には空き家や使われていない畑って本当にたくさんあるんだけど、制度的な問題や慣習的な問題でなかなかうまく有効活用できないままで放置されているものが多い。そういった眠った資源が、本当に切羽詰まった地域から少しずついろんな形で活用されていくんじゃないだろうかと僕は思っている。

家族制度と住居形態の変遷

空き家問題に見るように、家というものを柔軟に活用するのが難しいのは、家は一旦建築すると建て替えたり解体するのに結構なコストがかかるから変化させにくいけれど、人間のライフスタイルというのは家の耐用年数よりも早く、数十年で移り変わってしまうからだ。

家の建物がハードウェアだとすればそこに住む人間のコミュニティはソフトウェアだ。ソフトウェアはハードウェアに、ハードウェアはソフトウェアにお互い影響を与え合いながら進化するものだけど、ここで「家族観」というソフトウェアの変遷を見ていきたい。

昔あった「家（イエ）」制度というものは、一家の大黒柱である家長を中心として家族がまとまるというスタイルだった。家の部屋は簡単に開け閉めできるふすまなどで区切られるだけで、個室というものはほとんどなかった。また、中流以上の大きな家では、家の中に家族以外の女中、下男、小作人、書生などが住んでいることも多かった。それは、昔は会社員なんてものは存在していなかったので、家というのは仕事をする拠点（農家なら農業、商家なら店）でもあったからだ。家と仕事の場所を分ける「職住分離」というものがまだ起こっていなかった時代だ。その後産業が発生して会社や工場で働く労働者が増えると家と仕事場が分離されるというのが一般的になってくる。そうすると家長に権力が集まるというのもあまり必然性がなくなってくる。昔はなぜ家長に全ての権力が集まっていたかというと、それは家というものが仕事の場所でもあったからだ。つまり家長というのは家業を取り仕切る社長で、社長だから権力を持つ必要がある。でもみんな勤め人になってよそでお金を稼いでくるようになると、家長がそこまで全てを仕切る必要はなくなってくる。

時代が進むにつれて家長ひとりに権力が集まる「家」制度は封建的で自由がないと

考える人が増えてきて、太平洋戦争後くらいから一般的な住居の単位が、家長を中心とする「家」から夫婦を中心とする「家族」に移り替わってくる。「一世帯一住宅」が唱えられ（1960年代）、都会には夫婦とその子供が住むのにちょうどいい2DKの団地が大量に建設された。農業を含む自営業者が減っていき、会社に勤める人が社会の多数派となり、「マイホームを手に入れて幸せな家庭を築く」ということがサラリーマンの夢とされた時代だ。

「一世帯一住宅」が実現されると、次は「一人一室」が目標とされた（1970年代）。家の中でも各人が個室を持つようになり、それぞれの個室にもテレビが置かれるなどして、少しずつ生活スタイルは家族の単位から個人の単位に分かれていった。

そして最終的に、一つの部屋にトイレと風呂とキッチンが付いたワンルームマンションが登場して流行となる（1980年代以降）。人々の暮らしの単位は「大家族↓核家族」という流れを経て「一人暮らし」という最小の単位まで行き着いた。

家は一人では使いにくい

最近では都会で若者たちのルームシェアが増えてきている。ワンルームでの一人暮らしは確かに気楽で良いけれど、「寂しい」とか「狭い」とかいった欠点もあるわけで、ルームシェアならそのあたりをカバーできる。その分ルームシェアは「同居人に対してイライラするときもある」などのデメリットもあるわけだけど。

こんな住み方の例もある。僕の友達はワンルームに住んでいるんだけど、最近同じアパートの別の部屋に他の友達が引っ越してきたそうだ。そうなるとワンルームでもお互いに部屋を行き来したり一緒にごはんを食べたりしてあまり寂しくない。こないだ会ったときには「このアパートには他にも空き部屋があるのでそれを全部友達で埋めたい」と話していた。これはなかなか良い案だと思う。

そのアパートは町なかの便利な場所にあるので、家から外に出ればすぐに近所の店でごはんを食べたりお酒を飲んだり、カフェで本を読んだりできる。そうすると住んでいるワンルームの部屋自体は狭くても、街全体をリビングとして使えるようなものなので、そんなに不便じゃない。シェアハウスよりもさらに一歩進んで、街全体をシェアして使っているという感じだろうか。「長屋2・0」という感じがする。

家というのは一人で使うのは非効率的なところがある。毎日一人でごはんを食べるのは味気ないし、家電などを一人で全部買い揃えると高いし、動物や植物を飼ったり育てたりしていると長期間家を空けられないので旅行にも行きにくい。だから、それが家族であっても家族でなくても、複数人で集まって住むメリットは大きい。僕は東京のシェアハウスで猫を2匹飼っているんだけど、熊野に行ったりして家を空けるときはいつもシェアハウスの同居人に猫の面倒を見てもらえるので助かっている。

まあどんな住み方をしてもそれぞれ一長一短はあるものだけど、今は、複数世帯家族、核家族、カップル、一人暮らし、ルームシェアなど、いろんな住み方を柔軟に選べる良い時代なんだと思う。

複数人で複数の家を使ってみよう

大家族では一つの家に複数世帯（複数世代）が住んでいた。核家族では一つの家に一世帯が住む。ワンルームでは一つの家に一人だけが住む。ルームシェアでは一つの家に複数人（家族以外）が住む。

そして僕らがこの本で提案しているのは、複数の家（都会と田舎）を複数人で使うという方法だ。

田舎には空き家はたくさんあるし、都会と田舎と複数の家を持っているといろいろ楽しいんだけど、田舎の家を一人で借りても使い切れないし管理しきれない（そんな理由で放置されている別荘は多い）。だったら家を使う人を複数集めてシェアすればいい。複数の人間で一つの場を共有してうまく使っていくには、家というハードウェア（ハコ）だけじゃなく、コミュニティというソフトウェアが必要だ。だから、今までにあまりなかったような新しい形で家という建物を使っていこうと思ったら、「イエ」や「家族」といった従来からある概念とはまた別に自分たちで新しいタイプのコミュニティを考えながら作っていかないといけない。そのあたりのコツについても僕らがやっているやり方をこの本では紹介したつもりだ。

最近はなかなか結婚しない若者が増えて「晩婚化」だとか「非婚化」だとか言われたりしている。それは「家族」という概念が持っている力が昔より少し弱くなっているということだろう。「イエ」「ムラ」「家族」「会社」といった旧来の日本で力を持っていたコミュニティの力は以前より弱まってきている。だからといって人間は一人では生きられないし、生きていくために何らかのつながりを作っていかなければならない。これからは新しいつながりの形を、自分たちで模索しながら作っていくしかないのだ。

昔の「ムラ」というコミュニティは、地理的に近い場所に住んでいた人たちの集まりだった。それは遠くに住んでいる人と頻繁に連絡を取るのが難しかったからだ。あと、みんな農家だったので農業をやっていると近所で協力し合わなければいけなかったからでもある。

今ではインターネットのおかげで離れていても日常的な交流がしやすくなったから、都会と田舎のように離れた場所に住んでいる人たちが集まるコミュニティを手軽に作ることができる。また、鉄道や高速道路の発達で離れた場所の行き来が楽になったのも大きな変化だ。技術の発達によってコミュニティ形成の自由度は上がった。昔に比べて都会と田舎の境目はだいぶシームレスになってきた。

都会に住むだけでもなく田舎に住むだけでもなく、両方の拠点を連携させて使うことでよりもっと豊かな日常を送ることができるはずだ。それは実は昔からある「血縁」というコミュニティの中で普通に行われていたことでもあって、たとえば「田舎でとれた作物を都会に送る」とか「田舎の学生が都会の親戚の家に下宿する」とか

「都会で行き詰まったら実家に帰ってしばらく休む」とかそういったことだ。そうした多拠点連携の良さを、血縁とは関係なく自分たちで新しく作ったコミュニティでも実現できれば楽しくなると思うのだ。

自分が楽しいことをやっているだけ

今この原稿は熊野の家にこもって書いている。ここは静かだし、いったんこの山の中まで来てしまうと外に出かけるのも面倒なので書くことに集中できてとても作業がはかどる。ケータイは圏外だけどネットは繋がっているので特に不便なことはない。

僕の熊野での過ごし方は大体何もせずのんびりしてるか文章を書くかくらいなんだけど、伊藤くんは熊野で新しくビルを借りたりアーティスト・イン・レジデンス（芸術家に滞在してもらって作品を作ってもらうこと）を企画したりといろいろと新しい活動をしているようだ。いろいろと新しい動きを立ち上げているのは伊藤くんだけではない。この本で紹介した柴田くんや並河くんや三枝さんにも来るたびに会って話をするんだけど、今度はバーやゲストハウスを作りたいとか、使われてない廃校を見つけたんだけど誰か使わないかとか、誰か再建中の温泉の運営をしないかとか、川原の土地を買ったのでクラウドファンディングでスラムを作りたいとか、会うたびに何か新しい計画の話が起こっていてすごく面白い。

そうしたことが可能なのは家や土地がたくさん余っていて手に入りやすいから新しいことを始めやすいというのも大きい。こっちでは人は少ないけど物件や土地はたくさんあるから、廃校だとか温泉旅館だとかキャンプ場だとかの運営を引き受けてくれる人を探しているというような話をよく聞く。田舎では知らない人にはいきなり土地や家を貸してくれないけれど、いったん地元の人に信頼されると「ここの場所を使わないか」とか「あそこにも物件があるぞ」とかそんな話はよく回ってくるようだ。面白いと思ったのは「いい感じの家（土地付き）が20万で売ってもらえそうだったから使い道は決まってないけどとりあえず買っておいた」みたいな話をちょくちょく耳にすることだ。家ってそんな値段で買えるんだ……。都会とは全く世界のルールが違うのを感じる。

そういえば、この本の中でも「ヤギを飼ってみたい」ということを書いたけれど、そんな話を前からしていたら、柴田くんから「知人のところでヤギが大量に余っているそうなんだけどもらいますか?」という連絡があった。まさか本当になるとは……。何でも言ってみるものだ。本当に飼えるかどうかはまだ分からないけれど飼う方向で現在話を進めている。

熊野にいる人たちはみんなそんなふうにいろいろ活発に活動しているけど、僕はあんまり働かずにのんびりしていたいので、そういう話を「すごいなー」って思いながら横で見ているだけだ。みんな繋がっているし協力もし合うけれど、別にみんなで力を合わせて一つの方向に進まないといけないわけではないというゆるさがここにはあるのが居心地がいいんだと思う。仲間意識はあるけど強制力はなくて各自が自発的に自由に振る舞っている感じだ。「みんなで一つになってまちづくりをしよう!」みたいな感じじゃなくて、「各自が自分が楽しいと思うことをやっているだけで、それが自然に地域に貢献することにもなっている」という感じなのがよいと思う。そうした無理のない感じのほうが物事は継続しやすい。

僕と伊藤くんなんかも多分全然タイプが違う人間で、やってることや興味のあることは全く違うんだけど、一緒に家を運営していてもなんとなくゆるい感じで同じ場所で共存できている感じがある。全く方向性がかぶらないからこそぶつかることがなくてやりやすいのかもしれない。

あと、全体的にお金があんまり絡んでいないというのもゆるくやっていけている理由として大きいだろう。別に儲からないけど費用を低コストで抑えて自分が好きなようにやりたいことをやっているだけ、という人が多い。たくさんのお金が動くと、採算取らなきゃとか焦ったり、期日を守らなきゃと忙しくなったり、利益の分配をどうするかとかややこしい話になったりして、どうしてもゆるくのんびりできなくなってしまう。お金は大事だけどお金に行動が制限されるようになってしまうとよくないと思う。

都会と田舎を連動させよう

僕は熊野で新しく何かを始めたいというのはそんなになくて、ただ都会で何か行き詰まったときに気分転換をしに来たり、友達を集めてたまに一緒に泊まって遊んだりしたいな、というのが一番の目的だ。熊野に家を作ってから結構気分的に楽になった気がする。なんかちょっと日常に疲れたときにいつでも行って泊まれる場所があるというのは素晴らしい。

僕の友達の中には、仕事に疲れて長めに有給を取ったり休職したりして熊野に滞在しにきた人が何人もいる。こっちに来ても別に何をするでもなくて、昼間は床張りなどの軽い作業をして、夜は温泉に入って焚き火を眺めてビールを飲んで寝るというだけなんだけど、そういう毎日を何日か過ごすだけで仕事や会社に疲れている人はかなり精神が回復するようだ。ここは都会からかなり遠く離れた山の中で、ケータイもつながりにくいから都会モードとの切り替えがしやすいし、都会のあれこれを全て忘れてのんびりするのに向いているのだろう。都会で疲れた友達をそんなふうに受け入れられる場所があると素敵なので、こういう場所はずっと持っておきたいなと思う。

知り合いの中には、一時的に休みに来る人だけではなく、都会での仕事を辞めてこちらに移住してしまった若い人も何人かいる。そうした人生の避難所や人生の新しい選択肢として田舎の拠点があるとかなり生きるのが楽だ。こちらに来てしまえば基本的に人が少なくて人手不足なのでちょっとした仕事はたくさんあって、まあ生活はなんとかやっていける。ちょっとした仕事というのはキャンプ場の管理人とか牧場の餌やりとか農家の手伝いとかそんな感じだ。僕も今はなんとか都会で生活しているけれど、どうしてもキツくなったらこちらに引っ込んできて静かに暮らそうかと思っている。こっちへ来れば最低限なんとか死ぬことはなさそうだし。

田舎に移住したといっても全く都会との関わりを絶って完全に田舎に引っ込んでしまうという感じにも今はなりにくいと思う。熊野だったら都会との人の行き来も多いし、ネットを使えば日常的に都会の人ともやり取りができるし。田舎だけでも行き詰まるし都会だけでも行き詰まるものだから、うまく両方を連動させたいとつねづね思う。都会の人がときどき田舎に行って泊めてもらうかわりに、田舎の人が都会に来たときは泊めてもらうとか。その両方をうまくできれば、日本に自分の家がたくさん増えたようなものだし楽しいはずだ。

熊野と都会の間で物のやりとりなどもよく行っている。「プロジェクターが余ってるんだけど熊野で誰か使いませんか」とか、「車を廃車にしようと思うんだけど熊野でほしい人いませんか」とか。ネットを使ってうまくやり取りすれば物って買わなくても結構どこかで余っているのを貰えることが多い。物は捨てるのにもお金がかかるし、誰かにあげて再利用してもらうに越したことはない。都会だと家が狭いので物が増えると置き場所に困るけれど、田舎だと場所だけはいくらでもあるのでとりあえず貰って納屋にでも入れておくかというのができるのもある。

僕が今考えているのは本をたくさん熊野に集めたいということだ。本ってたくさん買うとスペースを取るから、都会の家だと置き場所に困ったりする。置き場所に困るけど処分するのも嫌だというので本を田舎の実家に送ったりする人がいるけど、そういうのを熊野に送ってもらったらいいんじゃないかと思った。実家に送ってしまうと誰にも読まれず収納されるだけだけど、熊野で人の集まる場所に置いておけば、いろんな人がやって来るので読まれる機会が増えて本が有効に活用される。田舎は場所だけはたくさんあるし、田舎にずっとこもっているとだんだん読む本がなくなってくるので本が多いに越したことはない。第5章で紹介したように熊野には今私設図書館が増えているので、そのあたりに寄贈するという活用方法もある。活字の本もほしいし漫画もたくさんほしい。僕はときどき漫画喫茶で漫画を読みまくるのが好きなんだけど、熊野には漫画喫茶がないんだよね。ないなら自分で漫画をいっぱい集めて漫画読み放題のスペースを作ってしまいたい。

都会と田舎が繋がるだけではなくて、離れた田舎同士のネットワークもできてきている。熊野にはいつもいろんな人がやって来るんだけど、よその地方で田舎暮らしとか地域おこし的なことをやっている人が遊びに来ることも結構あって、地域間でいろんな情報交換が行われている。そうすると熊野に来ているだけで他のいろんな地域の人と仲良くなれるし、仲良くなるとまた今度はその地域に遊びに行くことができる。地域おこしとかに特に関わっていない人でもみんな一人ひとりがそれぞれの出身地やそれぞれの親の故郷を持っているものだから、人に会うたびにいろんな土地への縁が増えていって、日本のいろんな場所にネットワークが広がっていく。少しずついろんな土地との関わりを増やしていって、行ったら泊めてもらえるような場所を日本全国で4、5カ所くらい確保できたらかなり楽しいだろうなと思う。

熊野で知り合ったうちの一人の、現在福井で「地域おこし協力隊」として活動している荒木幸子さんは、日本中のいろんな地方に拠点を作って、大きなバスを買ってそこにいろんな技能を持った知り合いを乗せて、各地を移動し続けながらそれぞれの拠点で人を乗せたり降ろしたり、いろんな場所でそれぞれの商売をしたりしながら旅をする、というキャラバンを編成するのが夢らしい（その後「流動創生」というプロジェクトでそれを実現した）。それはすごく面白そうだし実現したら乗ってみたい。地方と地方を繋ぐとそんなふうにまた新しくできることがいろいろ増えるし、ネットワークを広げていくのは面白い。

田舎を単に過疎化させて衰退させておくのはもったいない。自然や家や土地など、そこにはまだまだ活用できる資源がたくさん埋もれている。何でも都会がいいとか都会が進んでいる、というような時代はもう終わった。これからは都会と田舎をうまく結びつけて両方のよい部分を生かしていくようなやり方が必要とされている。

田舎には家も土地もたくさん余っているし、日本は道路や鉄道などの移動手段が発達しているし、今は結構な田舎でも電気、ガス、水道、インターネットなどの生活インフラは整っているし、田舎にいてもネットがあれば大抵の物や情報は手に入るようになったし、現在は都会と田舎を連動させながらいろんな面白いことをやるのにかなり良い条件が揃っていると思う。

だから、僕らのように田舎に拠点を作って都会と田舎の多拠点生活を送る人がもっと増えれば、いろいろ楽しくなるんじゃないだろうかと思う。

ちょっとやってみませんか。

あとがき

伊藤洋志

「骨を埋める覚悟はあるか」という言葉は、いわゆる地方において幾度となく聞かれる話ですが、本書ではそういう二者択一の決断が必要なのか？ という疑問の下に、それを軽やかに超えていくための考え方をまとめた次第です。

私は自営業ですがたいして元手がありません。なので、一大事業を立ち上げるとかそういうことはしません。0からスタートして育てるタイプの仕事がほとんどですが、これはけっこうエキサイティングであります。毎年、2、3個の新しい仕事を開発したり拠点を増やしたり、絵を買ったり書を習ったりとしていると、飽きることがありません。しかし「自営業って不安じゃないんですか？」とよく聞かれます。さて、何故不安が少ないのだろう、と考えてみると、いざとなったら静かに暮らしていける場所のアテがあるからだ、と思いいたりました。預言者は地元に帰れない、という格言があるそうで、地元にこだわる気はないものの、学生時代の調査を通して、気候に恵まれて自然が豊かな日本には低コストで暮らしていける場所がけっこうあるはずという確信がありました。それが本書で言う「フルサト」ですが、弱いゲリラにとっての隠れ里でもあると同時に、フロンティアでもあります。使われていない隠れた名建築も多いです。山の水が水道から飲めるとか、当たり前に聞こえますが奇跡です。素材はたくさんあります。ただ、それを生かす人手が足りないし、ずっと住んでいる人にとっては見慣れすぎていて価値が見逃されていることもしばしばあります。竹林には竹が生え放題だし、林には間伐材が刈り捨てられています。野山にある素材で茶室をつくってみたい。

フルサトをつくるにあたって、あんまり意識してなかったのですが、私はわりと長らく準備みたいなことはしていたようで、社会人2年目ぐらいのときに友達と安い土地を探して週末旅行を兼ねて首都圏近郊に土地を見に行ったりもしてました（当時、格安の土地を買う財力もなかったので頓挫）。いきなり土地を買うというのは人との出会いがないので気分が盛り上がらなかったです。あと、試しに友人がいた山間地に1カ月住みながら仕事をしてみたりもしました（ネットがあれば1ヵ月ぐらいなんとかなります）。あまり練習せずに原付に乗ったらコースアウトして林に落ちたとかもあります。原付には注意しましょう。

ある古老に「年金もらうか公務員になれ、さもなくば田舎には住めんぞ！」と説教されたこともありましたが（住みたいとは言ってないのですが）、最初の0・1秒は「覚悟が足りんのだろうか」と後ろめたく思いましたが、ただちに馬耳東風になりました。皆が公務員になれるわけでもないので、その考えは限界がありますし、発想が広がりません。世の中には参考にすべきいい意見もあるし、そりゃ無理やろという意見もあります。地元、よそ者みたいな区分けも地球規模で見たら誤差だし、どの立場の人の意見が正しいとかもありません。地域に溶け込んでみたら思考まで溶けてしまったらしょうがないです。謙虚でありつつ、おかしいことはおかしいと確かな思考を持っていくことは大事であろうと思う次第です。それを述べるかどうかと、タイミングは考えないとあきませんが。

家をつくってみて、よかったことはやはり出会う人が変わって来たことでしょうか。

場所が変われば会う人も変わる。大工仕事しながら話をするのはだいぶ楽だし、次々にアイデアが出てきて面白いです。帰る場所がもう一つ増えた、というのも非常に心強い。今度は、空き地に小屋を建てて薪ストーブとロッキングチェアつきの図書館をつくったりしたい。あと、古いビルを借りたので、数カ月籠って制作活動ができるアトリエを整備したり、シェアオフィスをつくったりする予定（4年ごしで準備中）。仕事に集中できる環境がつくれたら、もう少し長めに滞在できるようになると思います。これから、各地で自力で生活と文化をつくっていく動きは盛んになってくるでしょう。ちょうどいい具合で連携していけたら面白くなってくると思うので楽しみです。

この本では、これまでの体当たり学習で得た経験をできるだけ応用可能な形でまとめたつもりです。読んだ人がそれぞれの「フルサト」をつくるときの参考になれば嬉しいです。

それでは！　またどこかでお会いしましょう。

２０１４年４月６日

あとがき

このあとがきは東京で書いている。

東京はなんだかんだ言ってやっぱり便利だし面白い。毎週たくさんの斬新なイベントが開催されるし、イベントに出かければすごくいろんな種類の人と知り合うことができるし、お腹が空けば工夫を凝らした多種多様なラーメン屋に行ったりできる。

でも、満員電車に乗って周りの人に押し潰されそうになっているときや、新宿駅で電車の乗り換えをしようとして人の波を必死でかき分けていくとき、「なんだこの異常な人の量は……熊野に行ってゆっくりしたい……」と毎回思う。

また来月熊野に行ってしばらくゆっくり滞在する予定だ。暖かくなってきたので、山の中を原付でぶらぶらツーリングしたりしたらとても気持ちよさそうだ。

今日の朝は熊野の旧九重小学校跡のパン屋さん「むぎとし」から宅配で送ってもら

pha

ったパンを食べた。店主の林さんが自ら作り上げた巨大な石窯で焼かれたパンは、麦の味がしっかりとしていくら食べても飽きない感じで美味しかった。

その時自分がいる場所によって思考の内容が変わるということをよく考える。東京にいるときは東京で起きていることが日本の全てのような気がするけど、熊野にいるときは東京のニュースを聞いても「なんか遠くでいろいろやってるらしいな、こっちには関係ないけど」って感じになるし、海外にいるときは日本のニュースを聞いても「まだそんなことやってるのか、日本も変な国だよな」って気分になる。だから、ときどきいる場所を変えると考え方を柔軟にしやすくなるので良いと思う。

20日間同じ場所にいるのと10日間ある場所で過ごして次の10日間は別の場所で過ごすというのでは、後者のほうが時間を長く感じる気がする。同じ場所にずっといると慣れや惰性が発生して、周りのできごとへの感受性が下がるせいだろう。それならば、できるだけいろんな場所を移動したほうが、人生という限られた時間を体感的に長く生きられるんじゃないだろうか。速く移動するほど時間の流れが遅くなるという相対性理論みたいに。全然違うけど。

熊野に行くようになってよかったこととしては、ときどき行っていい気分で過ごせる環境を得られたというのも大きいし、いざというときにここに来れば食うには困らなさそうだという場所を持てたという安心感もあるけれど、一番よかったのは仲間ができたことだと思う。熊野で何回も合宿を繰り返すことで、熊野にいる人とも仲良くなれたし、東京など別の場所から遊びに来た人とも仲良くなれた。都会は人は多いし出会いも多いけど、人が多すぎて一つ一つの関係を深めにくいところがあるかもしれない。人数が少ない場所のほうが一緒にいる人と仲良くなりやすい。

あと、新しい人と知り合えたのもよかったけど、学生時代の友達と学生時代のようにゆっくりと過ごせる場所としても使えたのがすごくよかった。僕は大学の頃は寮に住んでいて、その頃は目を覚ますとすぐに友達がいて、一緒にごはんを食べたり麻雀を打ったりとなんとなくゆっくりとした時間を過ごしていた。その頃の友人たちとの仲は今も続いているけれど、大人になると会うとしても「どこかの店で集合して数時間したら解散する」という感じの会い方になってしまって、昔とはやはり付き合い方が違ってしまっていた。それが、熊野にゆっくりと泊まって過ごせる場所を作ったことで、学生時代の頃のようになんとなく一緒に過ごしてごはんを食べて風呂に行って眠る、そして目を覚ませばみんながいておはようと言う、といった感じの過ごし方がまた友達とできるようになった。これはとてもうれしい。もう大人になったらああいう時間は持てないのかと思っていた。学生時代の友達と最近できた友達が熊野で出会って仲良くなったりもしていて、そういうのもすごくうれしいことだ。

この本の原稿を書き終わったあとも熊野ではいろんな動きが起こっていて、新しい村を作るためのクラウドファンディングが始まったり、熊野でナリワイをつくろうという説明会が東京や大阪で開催されたりしている。来月にはついに九重小学校跡に本屋もオープンする。そんな風にリアルタイムである地域が変化していくのを近い距離で体験することができるのはとても面白い。全てが整備された都会ではあまり味わえない体験だ。

僕らが熊野でやったようなフルサトづくりのようなことが、日本の他の地方でもいろいろと今起こっている感じがする。都会が世界の全てではなくて、田舎も面白いということにみんな気づきつつあるんだろう。そうした流れを助けるものとして、この本が役に立ったらいいなと思います。最後まで読んでくれてありがとうございました。

２０１４年４月３日

文庫版あとがき

この文庫版あとがきを書いている今は二〇一八年で、最初に熊野に行ってから既に六年も経っている。もう六年も経ったのかとも思うし、まだ六年しか経ってないのかという感じもする。

この六年間にはいろいろなことがあった。廃墟同然だった熊野の家を自分たちで直して住めるようにしてから、いろんな人がその家に泊まったり住んだり去ったりしていった。一人で住むには広い家なので普段はシェア合宿所的な感じで使っているのだけど、移住を考えている人がとりあえずここに住んで、そこから改めて家を探す、みたいな感じで活用されることも多かった。

家は今はどうなっているかというと、僕の友人のネットの絵描きが、都会の暮らしに疲れたとかお金がないとかいう理由で突然移住して、猫三匹と一緒に暮らしている。猫を三匹も飼うのは都会の家ではなかなか難しいので田舎ならではの贅沢だと思う。

pha

猫たちは広い家とのどかな自然の中でのびのびと暮らしていて、住んでいる彼が家の裏の山を散歩したりすると猫たちもついてきて山の中を走り回ったりしている。そういうのは都会だと絶対できないなあと憧れる。

このあたりの地域全体でもいろいろな動きがあって、学校ができたりとか宿ができたりとかマルシェが開催されるようになったりとか、さまざまな試みが行われている。

僕らが熊野に来てからもいろんな人がこの場所に移住してきたけれど、やっぱり都会の暮らしのほうが合っているとか、他の地域にも住んでみたいと言って、一年や二年で引っ越してしまう人も結構いた。それは良いことだと思う。

大切なのは敷居を低くして流動性を上げることだ。そうすれば、たくさんやってきた人のうち、合わない人は別の場所に行くし、合う人は留まり続ける。引っ越して行ってしまった人も別に縁が切れたわけではなく、たまに遊びに来たりすることもある。そうしたゆるく繋がる人間を増やすことは大事なことだと思う。

熊野で一緒に床張りなどをした仲間とは今もときどき東京で集まったりしている。あの時期に一緒に床を張ってごはんを食べて温泉に入って大部屋で眠った人たちには、なんだか同じ釜の飯を食べた同志のような連帯感がある。

僕はといえば相変わらず東京でシェアハウスに住んでふらふら暮らしているのだけ

ど、ときどき東京での暮らしに行き詰まったときに熊野に行って何もしない時間を過ごしている。

東京はやっぱり刺激や情報が多くて変な人間も多いのでとても面白いのだけど、ちょっといろいろ過密すぎてずっといると疲れるところがある。そうしたときに、ふらっと行って好きに滞在できる場所があるというのはとてもありがたい。ひたすら静かな山の中で、ぶらぶらと散歩をしたり、温泉に入ったり、焚き火をしたりすると、何か精神の疲れが癒される感じがある。

僕は京都で若い頃を過ごして、今は東京在住なのだけど、東京・京都・熊野の三つを循環しているとなんかちょうどいい気がしている。どれもいいところなんだけど、どれか一つだけでは煮詰まってくる。それら全部を行ったり来たりすることでちょうどバランスが取れるのだ。

日本の地方は過疎化が進んでいると言われているけれど、過疎化が進みきって今までのやり方ではどうにもならなくなったようなところから、既成の価値観を打ち破るような新しい動きが出てくるような気がしている。そう思うとこれからの二十年や三十年の動きが楽しみだ。日本はどうなっていくのだろうか。

解説（鼎談）高知で映画館をつくる

安藤桃子×伊藤洋志×pha

安藤桃子（あんどう・ももこ）
1982年東京生まれ。高校時代よりイギリスに留学し、ロンドン大学芸術学部を次席で卒業。その後、ニューヨークで映画作りを学び、助監督を経て2010年『カケラ』で監督・脚本デビュー。2011年、初の長編小説『0・5ミリ』（幻冬舎）を出版。同作を自ら監督、脚本した映画『0・5ミリ』が2014年公開。第39回報知映画賞作品賞、第69回毎日映画コンクール脚本賞、第18回上海国際映画祭最優秀監督賞その他多数の賞を受賞。2018年6月『ウタモノガタリ-CINEMA FIGHTERS project-短編映画「アエイオウ」』公開。2017年10月高知市内に映画館「ウィークエンドキネマM」を開館。同12月ギャラリー「&Gallery」をオープン。現在は、高知県に移住。一児の母。

伊藤　きょうは、「フルサトをつくる」を実践されている方ということで安藤桃子さんに来ていただきました。安藤さんは最近、高知に映画館をつくって活動していらっしゃるので、実践されている方と本についてお話しできたらと。

安藤　これは文庫が合っている本ですよね。一回読んで終わりというより、フルサトデビューしたいなと思ったらポケットに入れて、「そうだ、こんなことを言っていたな」という感じで時々読んだほうがいい。私、珍しくこんなにいっぱい付箋を付けました。要所要所で気になる言葉が多々あった。この本は、家族と移住するような自由発想の人たち向けというよりも、家からほとんど出ないけど、「マジ？　フルサトつくるって確かにアリかも」という人のスイッチが入りやすい本だと思いました。

伊藤　高知に行かれたのはいつからですか？

安藤　2014年3月18日に住民票を高知に移しました。その前から行き来していて。この本を読んでまず思ったのが、自分が移住していろいろな経験を経て辿《うず》り着いたポイントと、本の着地点は同じだということ。面白かったのが、文中に、「骨を埋める覚悟はなくていい」というエピソードがあるけど、私自身のアプローチは真逆で、「骨を埋めます」と言い切って移住したんです。というのも、革命を起こしたいと幼少期から漠然と思っていて、それが東京でもロンドンでもニューヨークでもなく、高知に出会った瞬間、直感3秒で「ここだ！」と思った。ここに書いてある、誰か引っ張る人が必要かもしれないというところを、私はたぶんやろうとしていて、骨も埋めるし、子供もそこで育てますと。腰を据えなきゃ、何もついてこないと思ったので、ドンと根を張ってしまえと。

最近、事務所兼で高知の町中に家を借りて、勝手にアーティストレジデンスもはじめました。都会では、撮影のためにカメラの三脚を置いただけで通報されたり、映画を作りたいけど協力者がいないという人が多い。高知は映画を作るにしてもすごく良い環境だし、アーティストが長期滞在できる宿があったら、すごく来やすいでしょう。映画館スタッフも一人、東京で声掛けて、とりあえず1年間やってみたら？　と呼びました。

高知は食うに困らない、生きやすいとすごく感じてる。3・11のあと、東京で感じたのは、お金がないと物が買えないというシステム上、生きる＝お金で。店から物がなくなったら、死ぬという危機を感じるわけですよね。お金がないと食っていけないし、住まいもない。高知に来たら真逆で、お金はなくても食べ物が穫れ放題。しかもかなり美味い。家も空き家ばかりでホームがレスになり得ない（笑）。所得は最下位のほうだけど、見えない通貨で回っているような感じ。住んでみたら、物々交換が主流で、そこに領収書もない（笑）。夕方になったら、おばちゃんが割烹着で釣り糸を垂らしているし、時期になったら町中の川で、老若男女シジミを採ってて、まるでガンジス川じゃないか?!と（笑）。全てが一体化していて超最先端！（笑）

　人生において燃焼するエネルギーは、人それぞれだと思いますけど、それが、東京では小さいお猪口を回してがんばっていたのが、高知に行ったら回すのがもっとでかいものになる。転がす力は必要だけど一回転でかなり進む。自分に搭載されているエンジンがフルに使えるようになったと感じています。高知では貯金がゼロになっても豊かに暮らせることを知ってしまった以上、もうお金に恐怖を感じないので、「え〜い、全部使っちまえ！　映画館やっちゃおうぜ！　なくたって生きられる」と（笑）。東京でそれをやったら、数カ月で倒産ですよ。「家賃払えない。どうするの?」とか、お金を中心にみんなの心がしぼんじゃうけど、高知では常に俯瞰して物事が見られるし、「とりあえず、走りながら考える」戦法が使える。こころの余裕はみんなをパワーアップさせてスーパーサイヤ人化してくれる。

自分に合った場所がある

安藤　あと、結構思ったのが、じゃあ、どこかに行きたいと思っても、日本は北から南までひとつの国の中で文化も人も全然違う。

伊藤　そうですね。「どこがいまイケてますか」と聞かれるけど、「自分と相性のよいところは、どこだろう」と考えたほうが、本当は正確ですね。

安藤　そういう本をつくってください。「できれば一人で静かに暮らしたい」とか「本音と建前を使い分けたい」と言ったら、高知は絶対NGで、高知で必ず言われるのは、「嘘はバレる」「とりあえずやってみよう」「走りながら考える」(笑)。

伊藤　でも、そういうことは意外に意識されてないかもしれないですね。日本全体は謎のふんわりした一体感に包まれようとしているけれども、実は場所によってだいぶ違うぞと。それは知る必要がありますね。

pha　僕は都市は都市で面白いので、両方必要だと思って往復してる。地方の人もみんなときどき都市に行くとか、往復したりしてほしいですね。

伊藤　その逆は結構重要だと思います。

安藤　参勤交代みたいな。高知県人は太平洋を見て育っているから、東京や大阪へ行かず、サンフランシスコに行ってきたりとか、海を渡って高知にバーンと帰ってきたみたいな人がすごく多い。

自然界と死生観

伊藤　高知に来るまえから、映画館をやってみたいというのはあったんですか。

安藤　映画館は高知であればたぶん成り立つだろうと思いました。県民性がとても重要で、お祭騒ぎも好きだし、何よりハートが開いているので覚醒しやすい。

伊藤　そういえば、高知の友人が水害で公民館に集まった時にやることもないので、皆で酒盛りして踊っていたら、ちょうどテレビ局の人が来て「これではニュースにならないから、もう少し大人しくしてくださいよ」と言われたそうですよ！

安藤　数年前に、浸水したとき、東京のみんなに心配されて、「ニュースで高知が大変なことになっているけど、大丈夫？」と聞かれたけど、高知県人は達観していて、「うち、3台車流されたきね、ハッハッハ」「うちは4台！　勝ち！」と。どっちがすごいかみたいな(笑)。「じいちゃん転んで、あのとき死んだわ。寿命やったんやね」みたいなことを言って。死生観がたぶん重要。都会にいると死生観がなくなるから、死＝恐怖になる。でも、高知は特に自然も自然災害も隣り合わせで、死ぬことと生きることは一体で当たり前のこと、とインプットされて育っているから、何でもやりきるということに重点を置いている。酒を飲むのも酔狂の世界で、救急車で運ばれるぐらいやりきって、明日はない覚悟で飲む。「いまを、やりきれ！」みたいな(笑)。

そういう県民性のところで映画館をやって、本質的な感覚がある人たちの覚醒スイッチを押していけば文化的な革命が起きると。ここでモデルケースをつくったら、あとは、ほかの県民性や文化に合ったやり方を組み合わせて、ほかのところでもコピペしていってもらいたい。映画館は建物を壊すということで1年限定なんですけど、ちゃんと次に繋げるようなシステムをつくりたいです。

劇場周辺では週末になるとフェスをやってます。劇場前でライブをやって、マルシェを出して、朝からワイワイ酒を飲んで、子供たちのパン食い競走とかいろいろなイベントをやったら商店街の人通りが増えた。そのなかで、映画館で映画を観たことがある人と言ったらまだ少ないけど、今はそれでいい。遊んだあと映画館に入ってみようかっていう若いお客さんが徐々に増えています。

今度、桃子塾というのを始めるんです。この本に書いてあった寺子屋とか、学校に興味が湧いてきて。若者の意識が育たないと先へ繋がらないと思ったから、松下村塾みたいなのをやりたいと思って、中学生から30歳まで一緒に無料で受講できる塾を6月から始めます。人生で表現したいことを一緒に考えようというもので、最終的にパフォーマンスをするときの告知のポスターやキャッチコピーも塾生が考える。結果すべての職業に必要な表現力、生きる力がついてくるのではないかと思うんです。

「自分はとんでもない引きこもりだし、いきなり知らない人とコミュニケーションを取るのは無理だ」という人も多いと思うけど、一回自然の中に身を置いただけで本能がザワザワしだすのか、思ってもみない行動を起こせたりすると思うので、「自分は絶対ないわ」と思っていても、行き詰まっているのなら、チャンスだと思って、どこか田舎にポンと行くのはアリだと、この本を読んで思った。

pha　僕は大阪出身で、田舎に住んだことはなくて。でも、都会でたまに閉塞感があってワーッとなったときに、それをどこに持っていけばよいかわからなかったけれど、田舎に行けば楽になるのだと気づきましたね。30過ぎぐらいで。環境が違うだけで、結構自分の考えることが変わるのだということに気づいて、これは両方必要だなと。ゆっくり滞在できる場所があれば、旅行よりも幸福感があるような気がする。住んでいるところと、別のフルサト的なところと、旅行。グラデーション的にいろいろあって選べるとよいと思います。

伊藤　ずっとここで住まなきゃいけないとは、誰も言っていないのに、そのように思い込んでしまう癖が現代人にはあるかもしれないですね。

安藤氏、伊藤氏、pha氏

●移住したらそこの氏神様

安藤　重要だと感じることがもうひとつあって、地方に少しでも住んでみようとか行ってみようと思ったら、そこの土着的な信仰やお祭を一緒に大切にするとものすごいスピードで地元となじめるというのは感じます。「引っ越してきたんですけど、まず氏神さんにご挨拶に行きたいです」と言うとみんな喜ぶ。そういう気持ちは、たとえ信仰心がなくても、大家さんがいたら挨拶するという感覚と同じで、なじむ要素としては大事だなと思いますね。

pha 土地の神社を大事にするというのは、その土地を大事にしているという気持ちの象徴という感じがありますね。

伊藤 神様というのは、そういう意味では人をうまく繋げてくれるために設定されている。

安藤 そうそう。それがなくなったのは、実はすごく大きいと思っていて、人が決めきれないことを、「もう最終的にそれで文句なしね！」みたいな。「神様が決めたから、しようがないや」という潔さ（笑）。

伊藤 この本を書いたときは、単純に「田舎に住んでみたら面白いのでは」ぐらいだったけれども、きょういろいろ話をしてみて、都会も田舎もさまざまな不具合が出ている中で、同じ場所で考え続けるよりも、場所を変えることで、わりと簡単に対処できるようになることがあるんだなと。

安藤 悩んでいると、「そんなんで、死にゃあしないわよ」と、おばあちゃんによく言われていました。田舎の大自然の前だと、ほんとに死ぬときって一発だなと思うから、いま自分が悲しいとか寂しいとか不安だと思っていることでは死にゃあしない。

pha この本では、都会と地方という二つだけで、特定の場所については書かなかったけど、地方ごとに「こんなのがある」みたいな情報がもっと増えたらよいなと思いました。

安藤 そうですね。私は脳味噌とハートって、両方考える場所だと思っています。東京に居続けると全体的に頭で考える癖がついてしまう。だけど、まず胸で感じた喜びみたいなのが大事で、そのスイッチが、一回田舎に行くだけで蘇る。そのあと脳味噌で整理し、本当に可能かどうか考えれば迷いが少なくなる。そのためにフルサトをつくったり、生活スタイルをつくるというのは結果的に生き残る力がわく気がします。

（２０１８・５・８）

＊この鼎談のロング・バージョンは、「ｗｅｂちくま」に、２０１８年7月～8月ごろ掲載いたしますので、あわせてご覧ください。
ｗｅｂちくま　http://www.webchikuma.jp/

伊藤洋志（いとう・ひろし）

1979年生まれ。香川県丸亀市出身。京都大学大学院農学研究科森林科学専攻修士課程修了。仕事づくりレーベル「ナリワイ」代表。会社員を肌荒れで退職後、2007年より、生活の中から生み出す頭と体が鍛えられる仕事をテーマにナリワイづくりを開始。現在、シェアアトリエの運営や「モンゴル武者修行ツアー」、「熊野暮らし方デザインスクール」の企画などのナリワイの傍ら、床張りだけができるセミプロ大工集団「全国床張り協会」といった、ナリワイのギルド的団体運営等の活動も行う。野良着メーカーSAGYOを立ち上げ、タイアカ族の村で伝統技法で竹の家を建てる企画をはじめ、フルサトづくりを拡長する活動を続けている。著書に『ナリワイをつくる』（東京書籍、ちくま文庫）、監修に『小商いのはじめかた』（東京書籍）。趣味は墨絵とうどん手打ち。

ナリワイをつくる　ウェブサイト http://nariwai.book.tumblr.com

pha（ファ）

1978年生まれ。大阪府大阪市出身。京都大学総合人間学部に入学するも、オンボロ学生寮に入ってダメ人間的生活に目覚め、6年をかけて卒業。社内ニート的なサラリーマンを3年続けたが、2007年に仕事がだるくなって退社、以降定職に就かずに本格的に無職としての生き方を追求する。その傍ら、ブログは月間約10万ページビューを持ち、パソコンやネットが好きな人が集まって暮らすシェアハウス「ギークハウスプロジェクト」の発起人でもある。著書に『ニートの歩き方』（技術評論社）、『持たない幸福論』（幻冬舎）、『しないことリスト』『人生にゆとりを生み出す知の整理術』（大和書房）。趣味は散歩と将棋観戦。

pha の日記　http://pha.hateblo.jp/

口絵写真　柴田哲弥（口絵5下段、口絵6の中央以外）
花輪むつ美（口絵1左上2点）、
その他は著者提供

単行本編集協力　佐野広記、髙田彩子、内藤トビオ、
山田あかね、Ｙｕｋｉ、米田智彦

本書は、二〇一四年五月、東京書籍より刊行された単行本に増補したものです。

ナリワイをつくる　伊藤洋志

暮らしの中で需要を見つけ月3万円の仕事を作り、それを何本か持てば生活は成り立つ。DIY・複業・お裾分けを駆使し仲間も増える。（鷲田清一）

ちぐはぐな身体《からだ》　鷲田清一

ファッションは、だらしなく着くずすことから始まる。中高生の制服の着崩し、コムデギャルソン、刺青等から身体論を語る。（永江朗）

減速して自由に生きる　髙坂勝

自分の時間もなく働く人生よりも自分の店を持ち人と交流したいと開店。具体的なコツと、独立した生き方。一章分加筆。帯文＝村上龍（山田玲司）

ダダダダ菜園記　伊藤礼

畑づくりの苦労、楽しさを、滋味とユーモア溢れる文章で描く。自宅の食堂から見える庭いっぱいの農場で〝伊藤式農法〟確立を目指す。（宮田珠己）

半農半Xという生き方【決定版】　塩見直紀

農業をやりつつ好きなことをする「半農半X」を提唱した画期的な本。就職以外の生き方、転職、移住後の生き方として。帯文＝藻谷浩介（山崎亮）

貧乏人の逆襲！　増補版　松本哉

安く生きるための衣食住&デモや騒ぎの実践的方法。「3人デモ」や「素人の乱」の反原発デモで話題の著者の代表作。書き下ろし増補。対談＝雨宮処凛

セルフビルドの世界　石山修武＝文　中里和人＝写真

自分の手で家を作る熱い思い。トタン製のバー、貝殻製の公園、アウトサイダーアート的な家、0円〜500万円の家、カラー写真満載！（渡邊大志）

熊野でプルーストを読む　辻原登

優れた物語性と大胆な舞台設定によって多くの読者を魅了し続けている著者が、「本のある生活」を逍遥し、自らの作品とその周辺を描いた文庫オリジナル。

素敵なダイナマイトスキャンダル　末井昭

実母のダイナマイト心中を体験した末井少年が、革命的野心を抱きながら上京、キャバレー勤務を経て伝説のエロ本創刊に到る仰天記。（花村萬月）

自分の仕事をつくる　西村佳哲

仕事をすることは会社に勤めること、ではない。仕事を「自分の仕事」にできた人たちに学ぶ、働き方のデザインの仕方とは。（稲本喜則）

木の教え　塩野米松

かつて日本人は木と共に生き、木に学んだ教訓を受け継いできた。効率主義に囚われた現代にこそ生かしたい「木の教え」を紹介。（丹羽宇一郎）

カムイ伝講義　田中優子

白土三平の名作漫画『カムイ伝』を通して、江戸の社会構造を新視点で読み解く。現代の階層社会の問題が見えると同時に、エコロジカルな未来も見える。（松岡正剛）

異界を旅する能　安田登

「能」は、旅する「ワキ」と、幽霊や精霊である「シテ」の出会いから始まる。そして、リセットが鍵となる日本文化を解き明かす。（松岡正剛）

そば打ちの哲学　石川文康

そばを打ち、食すとき、知性と身体と感覚は交錯し、人生の風景が映し出される——この魅惑的な世界を楽しむためのユニークな入門書。（四方洋）

いつも夢中になったり飽きてしまったり　植草甚一

男子の憧れJ・J氏。欧米の小説やジャズ、ロックへの造詣、ニューヨークや東京の街歩き。今なお新鮮さを失わない感性で綴られる入門書的エッセイ集。

夢を食いつづけた男　植木等

俳優・植木等が描く父の人生。義太夫語りを目指し、のちに住職に。治安維持法違反で投獄されても平和と平等のために闘ってきた人生。（栗原康）

ネオンと絵具箱　大竹伸朗

現代美術家が日常の雑感と創作への思いをつづった2003～11年のエッセイ集。単行本未収録の28篇、カラー口絵8頁を収めた。文庫オリジナル。

地球のレッスン　北山耕平

地球とともに生きるためのハートと魂のレッスン。そして、食べ物について知っておくべきこと。絵＝長崎訓子。推薦＝二階堂和美（広瀬裕子）

自作の小屋で暮らそう　高村友也

好きなだけ読書したり寝たりできる。誰にも文句を言われず、毎日生活ができる。そんな場所の作り方。推薦文＝高坂勝（かとうちあき）

花の命はノー・フューチャー　ブレイディみかこ

移民、パンク、LGBT、貧困層。地べたから見た英国社会をスカッとした笑いとともに描く。200頁分の大幅増補！　帯文＝佐藤亜紀（栗原康）

ちくま文庫

フルサトをつくる

帰《かえ》れば食《く》うに困《こま》らない場所《ばしょ》を持《も》つ暮《く》らし方《かた》

二〇一八年七月十日　第一刷発行

著者　伊藤洋志（いとう・ひろし）
pha（ファ）

発行者　山野浩一
発行所　株式会社　筑摩書房
東京都台東区蔵前二―五―三　〒一一一―八七五五
振替〇〇一六〇―八―四一二三
装幀者　安野光雅
印刷所　三松堂印刷株式会社
製本所　三松堂印刷株式会社

乱丁・落丁本の場合は、左記宛にご送付下さい。
送料小社負担でお取り替えいたします。
ご注文・お問い合わせも左記へお願いします。
筑摩書房サービスセンター
埼玉県さいたま市北区櫛引町二―六〇四　〒三三一―八五〇七
電話番号　〇四八―六五一―〇〇五三

ISBN978-4-480-43527-9　C0195